聰

ゆるす力

GS
幻冬舎新書
266

まえがき

インド独立の父として知られるマハトマ・ガンジーは、78歳のとき、狂信的なヒンズー教徒の手によって、暗殺されました。

3発のピストルの弾を撃ち込まれたとき、ガンジーは自らの額に手を当てました。これは、イスラム教で「あなたをゆるす」という意味の動作です。

この話を聞いて、どんな印象を受けるかは、人それぞれだと思います。

もしかすると、多くの人が、「私はガンジーのように立派な人間ではない。ゆるすことが大切なのはわかるけれど、私はあの人をどうしてもゆるせない……」と大嫌いな人の顔を思い浮かべてしまうかもしれません。

それは、仕方のない話ともいえます。一生懸命に生きていても、日々の生活の中で、理不尽なこと、納得できないことに出合うことはたくさんあります。

忙しく過ごす日常の中で、ふとした瞬間に、

「あの件だけは、どうしても納得がいかない」

「あの人だけはゆるせない！」

「思い出すと本当に腹が立つ」

そんな思いがわきあがってくるという人も、少なくはないでしょう。

しかし、そんな誰かに対する「恨み」や「怒り」といった思いを持っている人も、好きでそうしているわけではないはずです。

誰だって、心穏やかに毎日を過ごしたい。

本当はいつだって、笑顔で過ごしたいと思っているはずです。

この本は、誰もが心の奥底に持っている他人に対する怒りや憎しみの感情を手放し、その誰かを「ゆるす」技術を伝えるものです。

なぜ、このような本を書いたかといえば、多くの人に、たった一度きりの人生を「自分自身の幸せのために」使ってほしいからです。

「怒り」や「憎しみ」といった思いを手放して、相手を「ゆるす」ことはストレスを減らし、生きるための大切な一歩になります。「ゆるす」力は、つまり生きる力にほかならな

いのです。
誰かのためでなく、自分が幸せになるために、「ゆるす」技術を学んでみませんか？

植西　聰

ゆるす力／目次

第二章　身近な人をゆるす　47

第三章　他人をゆるす　75

第四章　心を平和にする考え方　105

第五章　自分自身をゆるす　135

第一章 ゆるせないのはなぜか？

1　人生にはゆるせないことがときどき訪れる

本書では、誰の心にもある「ゆるせない」「ゆるしたくない」というネガティブな思いを手放す方法を示しています。

なぜ、「ゆるす」ことに焦点をあてたかというと、**「怒り」や「憎しみ」といった思いを手放して、相手を「ゆるす」ことは、自分自身が幸せになるための大きな一歩になる**からです。

すべての物事には陰と陽があります。

それは人の心も例外ではありません。

人の幸せを喜ぶ気持ち、人を愛する気持ち、誰かと一緒にいて安らいだりウキウキしたりする気持ちがある一方で、誰かをゆるせないと思う気持ちも人間の心の奥には存在しています。

ですから、誰かを憎んだり、恨んだりしてしまったときも、

「こんなことを考えてはいけない」

「私はなんて心の狭い人間なんだろう……」

というふうに、自分を責めたり、その気持ちにフタをしたりする必要はありません。

大切なのは、そういう気持ちを感じてしまったあと、自分がどういうふうに行動するか、ということです。

すぐに気持ちを切り替えて、笑顔の自分に戻れれば、問題はありません。

しかし、いつまでも「ゆるせない」という気持ちが心に渦巻いているなら、心配です。

ネガティブな思いを持っていると、心にマイナスのエネルギーを増やし、良くない出来事を引き寄せてしまうからです。

また、心にわきあがってくる感情のままに、他人の悪口を言ったり、グチをこぼしたり、相手を攻撃したりするようだと、「あの人はいつも不満そうな顔をしている気難しい人だ」というように、自分の評判を落としてしまうことにもなりかねません。

人生には、「ゆるせないこと」がときどき訪れます。

しかし、**上手にその感情を手放していかないと、人生は、次第に暗いものになってしまいます。**

2　ゆるすことで心をプラスにする

そもそも、人の幸せってなんだと思いますか？　ちょっと考えてみてください。

大好きな人から愛されることでしょうか？

周りの人からうらやましがられるような生き方をすることでしょうか？

欲しいものに囲まれて、何不自由ない状態で暮らすことでしょうか？

厳密にいえば、それらは、〝絶対的な幸せ〟には直接関係ないことです。

たとえ好きな人から愛されていても、「前の恋人が浮気をしたように、この人もまた浮気するのではないか？」と不安を抱えている人は、本当の意味で幸せを感じることはできないでしょう。

欲しいものに囲まれて、何の不自由もない状態でいることが幸せなら、お金持ちはみんな、幸せなはずです。しかし、実際には不幸なお金持ちもたくさんいます。

周りの人が「あの人はいいなあ」「あの人のようになりたい」と思うような人物でも、

誰にもいえない苦しみを抱えていることも珍しくありません。

幸せな人の条件。

それは、「今の自分が置かれている状態に感謝できる」ということだと思います。

「今の自分が置かれている状態に感謝するなんて難しい」

「そんなふうに考えるためにはどうしたらいいのだろう」

と思う人も多いでしょう。

その方法は、シンプルです。

心の中にプラスのエネルギーを増やせばいいのです。

そして、「ゆるす」ことは、心にプラスのエネルギーを増やしていくのに大変効果的なのです。

誰かに対する憎しみや、自分の置かれた環境に対する恨みを持ったままでは、幸せを感じる時間はどんどん減ってしまいます。

幸せになりたいなら、心の奥にある「ゆるせない」気持ちを、少しずつ解放していかなければなりません。

3　なぜ、ゆるすことが必要なのか？

人間の感情にはたくさんの種類があります。

喜び、楽しみ、愛《いと》しさ、嬉しさ……など、思い出すと自然と笑顔になってしまうようなプラスの感情もあれば、前の項目で述べた、「怒り」や「憎しみ」といった感情も、日常生活の中では頻繁に味わうものです。

感情表現が豊かな人は魅力的です。

しかし、感情は感情でも、怒り、不満、憎しみ、執着といったマイナスの感情は、できるだけ早く、心の中から解放することをおすすめします。

「どうして？　別に誰かを恨んだままでもいいじゃない」

と思う人もいるでしょう。

「私が、あの人のことをゆるせないほど憎んでいても、それで誰かに迷惑をかけるわけではない」

「確かに、自分の怒りっぽい性格は直したいけれど、嫌いな人たちを好きになることは絶対にできない」

そんな反発心を覚えた人もいるかもしれません。

誤解しないでほしいのは、私は、「相手のために、ゆるしてあげなさい」と言っているのではないということです。

マイナスの感情を手放すことをおすすめするのは、手放したほうが、その人自身が幸せになるからです。

あまり知られていませんが、**誰かを「ゆるせない」という気持ちを持っていることは、幸せになることの足を引っ張ります。**

マイナスの感情は、マイナスのエネルギーとして心の中にとどまり、磁石のようにマイナスの出来事を引き寄せるからです。

「叶《かな》えたい願いがある」

「穏やかな気持ちで毎日を過ごしたい」

そんな気持ちがある人は、今すぐに、「ゆるせない」という感情を手放すと決めましょう。

4　怒りの感情は「ゆるせない」気持ちの原因になる

人間は感情の動物です。

感情にはいろいろな種類があり、相手に伝えたほうがいい感情と、そうしないほうがいい感情の両方があります。

具体的には「喜怒哀楽」でいう**「喜」と「楽」の気持ちは、表に出すと周りの人にも明るいプラスのパワーが伝染するので、出したほうがいい**のです。

反対に、気を付けたほうがいいのが「怒り」の感情です。

「怒り」に含まれている攻撃的なマイナスの感情は、周りの人にもマイナスの影響を与えます。

しかも、**怒りはすべての感情の中でも大きなパワーを持っている**といわれます。

つまり、怒っている人の近くにいると、マイナスのパワーが広く伝染して、周りの人が持っていたプラス感情までも、一瞬にして消されてしまうのです。

そして、「怒り」の感情を長い間、心にとどめておくと、いずれさらに大きなマイナスのエネルギーを持つ「ゆるせない」という感情に発展してしまいます。

とはいえ、今すぐに「怒らない自分」になるのは簡単ではありません。

まず、挑戦してほしいのは、**腹が立ったとき、それを口に出さないこと**を心がけるということです。

「怒りに対する最上の答えは沈黙」というドイツのことわざがあります。

怒りの感情が強いときは、ひとまず口を閉じて、落ち着くのを待ったほうがいい、という意味です。

怒らない人間はいませんし、怒るべきときには、怒ってもいいのです。

しかし、単に感情のままにわめき散らして周囲を困らせるのは、あまりにも幼稚な行動です。

まずは、怒りの感情を言葉に出すのを我慢して、自分なりに気持ちを紛らわしてみてください。

そうやって、心の中のマイナスのエネルギーを少しずつ減らすクセをつけるのです。

その行為を習慣にすることで、「ゆるせない」相手が増えるのを防げます。

5　幸せになれない人の心の状態

心にプラスのエネルギーを増やすことが、幸せになるシンプルな方法であることを述べました。

この仕組みを簡単に説明しましょう。

プラスのエネルギーとは、感謝の気持ちを持つこと、喜んだり楽しんだりすること、美しさやおいしさを感じることなどから生まれます。それらを体験することによって、自分の心がハッピーになるたびに、プラスのエネルギーが心の中に増えていきます。

心がプラスのエネルギーで満たされている人は、少しくらいイヤなこと、悲しいことがあっても、プラスのエネルギーによってマイナスの感情が打ち消されてしまうので、すぐに立ち直ることができるようになります。

また、面白いことに、この心の中のエネルギーは、磁石のような役目を持っているのです。プラスのエネルギーで心を満たしておくと、そうなったら嬉しいなと思えるようなプラスの出来事が自分の身の回りに引き寄せられてきます。

つまり、**いつも心がプラスのエネルギーでいっぱいという人は、どんどんプラスの出来事に出合うようになり、ますます心がプラスのエネルギーで満たされる**というハッピーなサイクルにはまりやすくなるのです。

「あの人はいいなあ。あの人の周りでは、ラッキーなことばかりが続いている」と周囲からうらやましがられている人がときどきいます。

このような人は、このプラスのサイクルにうまく乗れている人です。

では反対に、幸せになれない人の心の状態はどうなっていると思いますか？

答えは簡単です。**幸せになれない人の心の中は、マイナスのエネルギーでいっぱい**です。

マイナスのエネルギーとは、プラスのエネルギーとは反対に、自分の望まないような出来事ばかりを引き寄せる働きがあります。

そして、**マイナスのエネルギーを生む大きな原因になるのが、「怒り」や「憎しみ」「恨み」など、他人を「ゆるせない」と思う気持ち**なのです。

6　〝幸せの気球〟はマイナスのエネルギーが多いと上昇できない

不幸になりやすい人の心にはマイナスのエネルギーがたまっていると述べました。

心のエネルギーと幸せの関係をイメージしにくいという人は、**人の幸せを「気球」でイメージしてみてください。**

この気球の高さによって、その人の幸せの状態が変わります。

空の上のほうにいるほど、心が幸せで満たされます。

一方、空に上がることができず、いつまでも下のほうにいる人は、苦しみを抱えながら毎日を暮らすことになります。

幸せになりたければ、気球を今より上に飛ばすことが必要です。

本物の気球は、「重石《おもし》」を捨てながら上昇し、そこから風の力によって移動しますが、〝幸せの気球〟は、その人の心にあるエネルギーの状態によって、上がったり下がったりします。

この気球を空高く上げる方法は、簡単です。まずは、心の中にあるマイナスのエネルギーを手放すのです。

なぜなら、マイナスのエネルギーはとても重くて、気球が上がろうとするのを邪魔するからです。

つまり、心の「重石」を手放せばいいのです。

「小さい頃、私をいじめたA子のことが今でも憎い」

「会社で私にばかり面倒な仕事を押し付ける先輩が大嫌いだ」

「私に恥をかかせた同僚だけはゆるせない」

そんなふうに、誰かを憎んで、ゆるせないでいる気持ちを持っていると、その人の心の中にはどんどんマイナスのエネルギーが増え続けてしまい、重くなる一方で、気球は上に行けません。

ですから、幸せになりたいなら、そういうマイナスの思いをひとつずつ手放していくことが大切です。

最初はひとつずつでいいのです。憎い相手をゆるすことで、心の中のマイナスのエネルギーは減少して、気球は幸せに向かって上昇していきます。

7 ゆるすことは、相手のしたことに責任がないということではない

ここまでの説明で、他人を「ゆるせない」という気持ちが、自分が幸せになる過程で大きな障害になるということはわかってもらえたと思います。

人生はたった一度です。

ずっと誰かを憎み続けて、心にマイナスのエネルギーを増やし続ける人生。

憎しみを手放して、自分の人生を幸せにすることに努める人生。

あなたは、どちらを望むでしょうか？

「そりゃあ、幸せになりたいに決まっている。でも、あの人のことだけは絶対にゆるせない」と思う人もいるかもしれません。

そんな人は、「相手をゆるしてしまったら、相手が自分にしたひどい仕打ちを認めることになる」と思っているのでしょう。

しかし、相手をゆるすとき、すべてを忘れる必要はないのです。

「誰がなんと言おうと、あの人が私にしたことはひどいことだ」というゆるせない事実があるなら、事実そのものをなかったことにする必要はないのです。

大切なのは、そのことを思い出して、ムカついたり腹を立てたり復讐をイメージしたりして、心にマイナスのエネルギーを増やさないということです。

「相手がしたひどい事実」と「自分がそれによって感じた気持ち」を分けて考えるという と、わかりやすいでしょうか？

起きた事実は変わらないけれど、それによって受けた痛みや悲しみからは解放されることができるということです。

あなたの家族や友人たちだって、あなたがいつも笑顔で過ごすことを望んでいるはずです。「ゆるせない誰か」のためにあなたがたった一度の大切な人生を、苦しい気持ちで過ごすことなんて、誰も望んではいません。

ゆるすのは、自分を苦しめた相手のためではないのです。

自分のため、自分の幸せを願ってくれる誰かのために、明るい気持ちで生きる人生を選びましょう。

8　怒りのエネルギーは動物を殺す

ゆるせないという思いを持っていると、自分の心にマイナスのエネルギーを増やしてしまうだけでなく、周りの人たちを傷つけることにもなります。

よく見かける風景に、次のようなものがあります。

誰かひとり怒っている人がいると、そのグループ全体が気まずい雰囲気になってしまうという風景です。

また、怒りのパワーが強い人が周りの人に八つ当たりをして、周りの人までどんどん不機嫌になってしまうという光景も珍しくありません。

これは、**怒っている人の心にあるマイナスのエネルギーが、周囲の人の心にまで伝染してしまう**から起こる現象です。

怒りの研究をしている人が、こんな実験をしました。

まず、すごく怒っている人の息を袋に入れてもらいます。次に、その息を金魚たちが泳いでいる水槽に入れます。

するど、どうなると思いますか？

なんと、それまで元気だった金魚が弱って、何匹かは死んでしまったのです。

これは、マイナスのエネルギーの持つ負のパワーが、金魚たちに大きなダメージを与えた証拠です。（五木寛之・玄侑宗久『息の発見』平凡社より）

人間はマイナスのエネルギーを持つ人に出会っても、健康状態までは変わりませんが、体の小さな金魚には、命に関わるほどの影響があるのです。

これほど、「怒り」のパワーが持つエネルギーは大きいのです。

また、前に述べたように、心にマイナスのエネルギーが多い人は、そのエネルギーが磁石になって、マイナスの出来事を自分の身の回りに引き寄せることになります。

誰かを憎むから、心にマイナスのエネルギーが増えてしまい、そのせいでまた別の誰かを恨みたくなるようなマイナスの出来事を引き寄せてしまう……。

そんな負のスパイラルに陥ってしまうと、人生は暗くなる一方です。

9　怒りの感情を作っているのは自分

怒りの感情は、どんどん連鎖するものです。

一度、腹が立つことがあって、怒りの気持ちを表に出してしまうと、まるで怒りが怒りを呼ぶように、次から次へとイヤなことが起こるのです。

「怒りたくないのに、ついちょっとしたことで腹を立ててしまう」

という悩みを持っている男性がいました。本当はもっと穏やかな気持ちでいたいのに、というのです。

しかし、この男性の行動を見てみると、理想とする自分の姿とは裏腹に、一日中怒ってばかりいます。電車が時間どおりに来ないといっては駅員を怒鳴り、昼食を食べに入ったレストランでコーヒーがぬるいといって文句を言い、会社の後輩に「しっかりオレの話を聞け」と怒るのです。

なぜ、こんなに一日中怒っているのでしょうか？

それは、この人が、「自分が怒るのは、相手が悪いせいだ」という考えを持っているからです。

しかし、その考えは間違っています。

実際には、**自分の心にわきあがる感情というのは、自分自身が作っている**のです。

その証拠に、電車が遅れたからといって、このとき駅員を怒鳴りつけたのは、この男性だけです。

「ゆるせない」のではなく、「ゆるさない」ことを自分で選択しているのです。

そして、この人だけが、みんなが怒らないような小さなことで腹を立てて、心にマイナスの感情を増やしているのです。

同じ状況に置かれている他の人が怒っていないのに、ひとりだけ腹を立てていることがある――という人は、この男性と同じ「自分が怒るのは相手が悪いせいだ」という思い込みを持っている可能性があります。

この悪循環を止めるには、「怒りの感情は自分が作り出している」としっかり自覚することです。

自分の作った感情なのですから、自分で小さくすることも難しくはないはずです。

10　怒ったままでいると本当に大切なものを見失う

私が、「ゆるす」ことをすすめるのは、怒りという感情を持ち続けると、適切な行動がとれなくなって、本当に大切なものを失ってしまうことがある、というのも理由のひとつです。

心に怒りを抱えているとき、人間は冷静な判断ができなくなります。

例えば、交通事故に遭ってしまったとき、真っ先にしなければいけないのは、ケガをした人を助けることです。

必要ならば救急車を呼んだり、人工呼吸をしたりします。

間違っても、交通事故の原因を作った相手を責めることが、一番大切なことではありません。

相手を責めたり、責任を追及したりするのは、ケガ人を救出したあとでやればいいことです。

誰かに対して「ゆるせない」という気持ちを持ちやすい人は、こういう場面で、間違った判断をしやすくなります。

「どう責任を取ってくれるんだ」

「絶対にゆるせない。同じ目に遭わせてやる」

「なぜ、こうなる前になんとかできなかったんだ。理由を説明しろ」

そんなふうに、**怒りやゆるせない気持ちで心をいっぱいにしてしまい、肝心なことを後回しにしてしまう**のです。

しかし、ここで怒っていても、相手を責めていても、すぐには何も解決しないという事実があります。

ある女性は、意地悪な上司のことを憎んでいます。一日中、その上司のことで悩んでいます。そのせいで彼女は、「人生を楽しく生きる」という何よりも大切なことを忘れてしまっています。

これは、すごくもったいないことです。

それなのに、ゆるせない気持ちを持ち続けているせいで、本当に大切なものを見失ってしまっている人は、意外と多いように思うのです。

11　心が安らかなら幸せが訪れる

公園に空き缶が落ちていたとします。

その空き缶を見たときの反応は、人それぞれです。

ある人は、「誰だ！　こんなところに空き缶を捨てたのは！　邪魔なんだよ」と、怒って空き缶を蹴飛ばすでしょう。

ある人は、「公園に空き缶を捨てるなんて、非常識な人がいるものだ。日本も情けない国になったたな」と悲しい気持ちになるかもしれません。

しかし、そうやって空き缶を見て怒ったり悲しんだりする人がいる一方で、その空き缶にまったく心を乱されないという人もいます。

「あ、こんなところに空き缶が落ちている」と何も言わずにスッと空き缶を拾って、ゴミ箱に捨てるタイプの人です。

このように、**「空き缶が公園に落ちている」というシーンにぶつかったときに何を思う**

かは、人によってまったく違うのです。

この中で、一番幸せに生きられるのは、どのタイプでしょうか？

もうおわかりだと思いますが、最後の何も言わずに空き缶を拾ってゴミ箱に捨てるタイプの人です。

その人は、公園に空き缶が落ちていたとき、怒りもしませんでしたし、情けなくも思いませんでした。

淡々と、事実を受け止めて、「落ちている空き缶をゴミ箱に捨てる」という自分のやりたいことをやっただけです。

仏教の開祖であるブッダの言葉に、次のようなものがあります。

「どんな世の中で生きようとも、こころが、揺れず、悲しまず、汚れず、安らかでありなさい。そうすれば、最上の幸福が必ずあなたに訪れるでしょう」（川辺秀美『新訳ブッダ　強く生きる言葉』ソフトバンク文庫より）

たった一度の人生なのですから、どうせなら、心穏やかに生きたいものです。

12　ゆるすことは自分を苦しめた相手から自由になること

ゆるすことは、「相手のしたひどい行為を認めることではない」、ということはすでに述べました。

また、ゆるすことは、「憎かった相手と仲良くする」ことでもありません。

では、ゆるすとは、いったいなんなのでしょうか？

「ゆるす」を英語で言うと、「ＦＯＲＧＩＶＥ」となります。

この言葉の語源は「忘れる」から来ています。

アメリカの牧師で作家のヘンリー・Ｗ・ビーチャーという人は、

「ゆるすことはできるが忘れることはできないというのは、結局、ゆるすことはできないというのと同じことだ」と言っています。（『カーネギー名言集』創元社より）

確かに、「あのときは大変だったね」と人に言われて、「え？　なんのことだっけ？」と言えるようになったら、その人の人生はきっと幸せなはずです。

「でも、このひどい経験を忘れることなんて絶対にできないと思う」という人には、チベットのダライ・ラマ14世の言葉を紹介しましょう。

彼は、ゆるすことについて次のように述べています。

「ゆるすことと、忘れることは違います。

相手が間違っていると思うと、私たちは嫌な気持ちになります。

それをすっかりなかったことにして忘れてしまう、というのでもなく、相手の存在を否定するのでもなく、こころを開いて相手を受け入れてください。そして、その記憶にまつわる負の感情だけを手放すのです。

ゆるしとは相手を忘れる、無罪放免にする手段ではなく、自分を自由にする手段、それがゆるしです。ゆるすことにより私たちはさらなる希望と決意をもつことができます」

ダライ・ラマ14世は、「ゆるす」という行為は、「自分を自由にする手段」と述べています。（『ゆるす言葉』イースト・プレスより）

すべてを忘れることができないなら、せめて自分を苦しめる忌《い》まわしい感情を手放し、自由な自分を取り戻す決意を持ちましょう。

まえがきでも紹介したインド独立の父といわれるマハトマ・ガンジーは、次のような言葉を残しています。(ジャワハルラル・ネルー『マハトマ・ガンジー』朝日新聞社より)

「弱い者ほど相手をゆるすことができない。ゆるすということは、強さの証だ」

この「強さ」を別の言葉に言い換えると、どんなことがあっても、自分の幸せは自分の手で守るという意志の強さであるともいえると思います。

「ゆるす」ことは、一見、とても優しくて力強さとは反対の行為のようにも見えます。

しかし、実際には、相手を「ゆるす」ことができる人とは、自分以外の誰かや、周りの環境に、自分の心を惑わされてたまるものかという確固たる姿勢を持っている強い人なのです。

13 ゆるせる人は強い人

あるOLの女性が、アパートで独り暮らしを始めました。

あるとき、部屋に帰ると、隣の部屋から、大音量の音楽が聞こえてきました。

最初は「たまたま今日だけかな」と思ったのですが、それからも同じことが何日も続きました。

どうやら、隣の住人には、ボリュームを最大限にして、音楽を聞く趣味があるようです。

彼女は、そこで怒ったり、自分の不運を嘆《なげ》いたりしませんでした。

その代わりに、すぐに不動産屋さんに、別のアパートを紹介してもらい、そちらに引っ越しました。

ただし、隣の部屋にそのような人が住んでいることを言わないでその部屋を紹介した不動産屋さんにも問題があるという理由で、次の部屋に移る際は、初期費用などは免除してもらいました。

彼女は、自分を引っ越しに追いやった相手を恨む、という選択をしませんでした。

「世の中にはいろいろな人がいる。そんな人に振り回されるのは損だから、すぐに忘れてしまう」というのが彼女の考え方です。実際、ここで隣人や不動産屋さんとケンカをしたら、お互いがいやな思いをするだけです。

他人の言動に心をとらわれず、いつも笑顔でいる彼女は、「強い人」だといえるでしょう。

14 「ゆるせなかった」自分から穏やかで優しい自分へ

「性格はこの先も変わらない」と思い込んでいる人がいます。

「小さい頃から、怒りっぽいタイプだったから、短気なのはもうあきらめている」という具合です。

子供の頃の性格は、親からの遺伝や環境の影響を多く受けます。

しかし、その性格が大人になってもずっと、続くわけではありません。血液型や出身地と違い、性格は変わるのです。

性格というのは、その人の「考え方」の影響を大きく受けています。ということは、考え方を変えることで、性格も少しずつ変えていくことができるということです。

ただし、何もしないで、「怒りっぽい自分から、優しい自分に変わりたいなあ」と思っているだけでは、時間がかかるでしょう。

「穏やかでいつも笑顔でいられる自分になりたい」と思うなら、そうなるために行動を始め、ましょう。

人によっては、時間がかかるかもしれません。長年、なじんできた考え方というのは、一朝一夕では変わらないからです。

なりたい自分に近づくためには、日頃から自分の感情に敏感になることが大切です。例えば、普段から人のせいにすることがクセになっている人は、その考え方がクセになっているため、意識しないとすぐに、何かあるごとに、「これはあの人のせいだ」と考えてしまいます。

日頃から意識するようにして、そんなことがあったら、自分の感情に飲み込まれずに、「私は今、人のせいにしようとしている。昔の悪いクセが出ているな」と冷静に自分の心を観察するようにしましょう。

そして、人のせいにしようとした気持ちをリセットして、「人のせいにしてもいいことはない」「いつも笑顔の自分でいよう」と感情を切り替えるのです。

それを繰り返すうちに、なりたい自分に近づいていけます。〝たかが意識〟と思うなかれ。意識するだけで、結果は全然違うものになります。

大人だって、成長できるし、変われるのです。

第二章

身近な人をゆるす

1　大嫌いな人は何人いますか

「あの人だけはゆるせない」という人の名前を、書き出してみましょう。

・・・・

何人の名前が出てきたでしょうか？
ひとりという人もいれば、10人以上という人もいるかもしれません。
私の知っている人の中には、20人以上もの名前を書き出した人もいました。
20人もゆるせない人がいたら、さぞ生きるのが息苦しいだろうと思います。

「だって、仕方ないじゃない。世の中には非常識な人が多すぎるんだから」

と思う人もいるかもしれません。

しかし、「ゆるせない人」の名前をたくさん書いた人には信じられないかもしれませんが、「ゆるせない人の名前を書いてください」とお願いしても、ひとりの名前も出てこない人も意外といるのです。

つまり、その人たちには「ゆるせない」と思っている人がいないということです。

同じ時代に、同じ日本に住んでいるのに、なぜ、こんなに違うのでしょう。

ゆるせない人が20人もいる人と、ひとりもいない人、このふたりが置かれている環境は、そんなに大きく違うのでしょうか？

実際には、そんなに大きな差はないはずです。

ポイントは、受け止め方です。

「ゆるせない人」が現れたとき、その相手をどういう気持ちで受け止めるかが、両者の大きな分かれ目になります。つまり、**「ある人物」が現れたとき、その人が「ゆるせる人」になるか「ゆるせない人」になるかは、当人の考え方次第だ、**ということです。

2　相手とどういう関係でいたいのか整理しておく

ゆるせない友だちがいて、その人のことでいつも悩んでいる人に伝えたいことがあります。

それは、自分がその友だちと今後、どうしていきたいのかを考えておくということです。「関係を良くしよう」と努力するか、「このままでもいい」と気にしないようにするのか、どちらを希望するかで、とるべき対応が違ってくるからです。

「もうこんな人とは、縁を切ってもいい」と考えるのなら、その人の電話からの着信を拒否にするだけで、問題は解決するかもしれません。

しかし、縁あって知り合った友だちと、あえて縁を切ることを望む人は少ないでしょう。全部は理解し合えなくても、この先もうまく付き合いを続けていきたい、と考える人が多いのではないでしょうか。

「なんとかうまく付き合っていきたい」と思うなら、そうなるように自分の行動を選択していきましょう。

多くの人は、**「自分の人生は自分で選択できる」**という当たり前の事実に気付いていません。

ほとんどの人は、何か差し迫った問題に直面したときに、自分にとっての正しい行動を冷静に選択しようとせずに、そのときの感情に流されるままに行動してしまいます。

腹が立ったから、つい相手を睨《にら》みつけてしまった、というような具合です。

しかし、**感情に流されてとった行動は、たいていの場合、良くない方向に向かっていってしまいます。**

そして、望まない結果が生じたとき、**私たちはその原因を、そのときの状況や、自分以外の誰かのせいにしてしまう**ものです。

しかし、本当の原因はそこにはありません。

うまくいかなかったのは、「自分が正しい道を選択しなかった」からなのです。

これを逆から考えると、「正しい選択をすれば、人生は望む方向に進んでいく」ということです。

もっと、人生を主体的に生きましょう。**未来は自分で作ることができる**のです。

3　関係を良くしたいなら自分から歩み寄る

ゆるすための行動のひとつは、自分から何か行動を起こすということです。

「相手から謝ってくれればいいのに」

と願っても、実際には、都合よく自分の望むような状況が向こうからやってくることはありません。

ですから、いつまでたっても「ゆるせない」「あの人のあの態度が気になる」というような気持ちが心に残ったまま、心にマイナスのエネルギーが増えてしまう一方なのです。

そこから脱するには、自分からアクションを起こしてみることです。

相手の対応が気に食わないからといって、自分の態度まで悪くする必要はありません。

「相手が変わったら、自分も変わります。だから相手が変わるのを待ってるんです」

なんて思っていたら、今の関係も状況も変わらないままです。

「今のままではイヤだ」

と思うなら、まずは、

「相手に対して、自分はどんな態度をとるのが理想的だろうか？」

と考えて、そのとおりに振る舞うようにしましょう。

例えば、自分に無理な要求ばかり押し付けてくる相手がいて、いつも自分が苦しい思いをしているなら、**相手が変わるのを待つのではなく、自分から声をかけて、自分の気持ちを伝えてみる**のです。

「どうしても、あなたの要求を聞き入れるのは難しいのです」

とはっきり言うのです。

もちろん、それには勇気がいりますが、だからこそ、成し遂げたときにはその達成感で心にはプラスのエネルギーが増えます。

何もしないで後悔するより、何かをして失敗してしまったときのほうが、得るものはずっと大きくなります。

自分から行動を起こす習慣をつければ、**無用なイライラや怒り**を背負いこんで、「ゆるせない」という気持ちに苦しむことはなくなります。

4　会うたびに落ち込む相手がいるなら、付き合い方を変える

人間には相性というものがあります。

「どうしても、この人とはソリが合わない」という人がいる場合は、その人との付き合い方を変えることも、人付き合いのひとつの対処法です。

その人と会うたびにストレスがたまり、次第に「自分をこんな気分にさせる相手がゆるせない」という気持ちになりかけているなら、無理をして今までどおりに付き合う必要はありません。

今まで親しく付き合っていた人と距離を置くことに、罪悪感を持つ人もいるかもしれません。

しかし、別にその人と縁を切るわけではないのです。

自分が相手のマイナスのエネルギーをはねのけるような元気なときならまた別ですが、**心が弱っているときには、そのような相手から自分の心を守ることも必要**なのです。

マジメな人は、誰とでも仲良くしなければいけないと、考えがちです。

「彼女とは、学生時代からの長い付き合いだから、仲良くしなければいけない」

「同じ会社の仲間なんだから、協力し合って当然」

このように、「○○なんだから、○○しなければいけない」という**思い込みに縛られていると、相手が期待どおりの行動をしてくれなかったときに、ショックを受ける**ことになります。

世の中にはいろいろな人がいます。

優しい人、気が利く人、誠実な人、いつも明るい人など、一緒にいるとハッピーになれる人がいる一方で、無神経な人、口が悪い人、意地悪な人など、会うと気分が落ち込む人も少なからず存在します。

そういう人からの誘いを、毎回OKしていたなら、今度から3回に1回は「ごめんなさい。その日は都合が悪くて」と断ったって、相手はイヤな顔はしないでしょう。

誰だって、本当は一緒にいて楽しい人と付き合いたいはずです。

自分が快適に生きるために、**付き合う人を選ぶことも、心をマイナスにしない方法のひとつ**です。

5 「こういう人だ」と思って付き合う

距離を置きたいけれど、それもできない、という場合もあります。例えば、同じ部署の人などは、会社を辞めたりしない限り、避けることはできません。

そんな相手と付き合うときに注意したいのは、最初から、「こういう人だ」と割り切って接することです。

例えば、時間にルーズな人がいたとします。

前日に何度も、「明日は絶対に遅れないでね」と念を押して、「今日こそ、時間どおりに来てくれるに違いない」と思って待っていたのに、時間どおりに現れなかったというとき、そのショックとイラだちは、大きいものです。

そして、期待して裏切られたという経験が何度も続くと、その気持ちは相手に対する怒りとなり、「ゆるせない」という憎しみに発展することもあります。

そのマイナスの気持ちが起こることを防ぐためには、最初から、「この人は、時間に遅れてくる人だ」と思って、付き合うしかありません。

何度言っても、相手が30分遅れてくるなら、本来の待ち合わせ時間の40分前を、集合時間にすればいいのです。

そうすれば、その人が遅刻したせいで、

「会議が始まるのが遅れた！」

「映画の始まる時間に間に合わなかった！」

「電車に乗り遅れてしまった！」

というようなストレスを感じることはなくなります。

待ち合わせの場所も、喫茶店にしておけば、読みかけの本や雑誌を持っていって、待っている時間を有意義に使うことができます。

真冬の寒い駅の改札で30分も待たされれば、腹も立ちます。しかし、暖かい場所で雑誌や本を読んでいれば、待っている時間も苦痛にはなりません。

「どうして時間どおりに来ないんだよ！」

と怒るより、**遅刻した相手を笑顔で迎えるほうが、心にプラスのエネルギーを増やすには有効**です。ただし、仕事の遅刻はまた別なので、厳しさも必要です。

6　相手に対する期待を手放す

自分に関係ない人が、自分のために何かをしてくれないのは当たり前で、それに文句を言う人はいないでしょう。

しかし、相手が友人となると、思ったことをしてくれないと、途端にイライラしてしまいがちです。

それは、「相手は友人なんだから、〇〇してくれて当たり前」というように、無意識のうちに多くを求めてしまっているからです。

そこには、**過剰な期待**があるのです。

しかし、それで**相手に腹を立てても、相手が変わるわけではありません。**

「どうして、あの人はいつも私の言うことを聞いてくれないのか」

「どうして、あの人は私の思ったようにしてくれないのか」

とこちらは思っていても、たいていの場合、相手にはまったく罪の意識なんてないのです。

そんな相手に、「変わってほしい」という期待を持っている限り、イライラはずっと続いてしまいます。

そういう相手に対しては、「自分と他人は別の生き物であり、相手の気持ちがわからないのは仕方がない」と割り切ったほうがいいでしょう。「〇〇してくれない」とイライラするよりも、そのほうがずっと、ストレスはたまりません。

ところで、あなたは、周りの人が望むことをどのくらいしようとしていますか？

相手の望むことを100パーセントできていると言える人は、きっといないはずです。

そう考えれば、人が自分の望むことをしてくれないのは当たり前なんだ、という考え方ができるようになるのではないでしょうか。

言うまでもなく、完璧な人間など、世の中には存在しません。

相手が親切にしてくれなくても、

「まあいいか。意地悪をされたわけではないし」

「今日会ってくれただけでもありがたいと思おう」

という気持ちを持てるようになれば、怒りを感じる場面は減っていくでしょう。

7 苦手な人を意識しすぎない

「ゆるせない人」や「嫌いな人」が身近にいると、その人の存在を必要以上に意識してしまうものです。

例えば、嫌いな相手が自分にあいさつをしてくれなかった、という経験があるでしょう。相手はただ、こちらに気が付かなかっただけかもしれないのに、そんなことがあると、ついマイナスの想像を膨らましてしまうことは珍しくありません。

そして、

「やっぱり、あの人は私のことを避けている」

「無視するなんて、なんてひどい人なんだ」

と相手に対してマイナスの感情を抱いてしまうのです。

しかし、そんなふうに、**相手の言動を勝手に悪いほうに解釈して怒ったり悲しんだりすることは、もっとも無駄な行為**です。

相手の本心なんて、その人に直接聞いてみなければわかりません。

単なる事実を、勝手に悪いほうに解釈するのは、とてもおろかなことといえます。

あいさつを返してくれなかったのが、仲の良い人なら、

「きっと、急いでいたんだろう」

というふうに考えて、あまり気にしないはずです。

相手が、嫌いな人の場合でも、同じように考えればいいのです。

もし、自分の周りに、「この人とはどうも合わないな」という人がいるときは、その人を意識しすぎないように注意しましょう。

機嫌をとる必要はありませんが、「なんだかイヤな感じなんだよな」なんて思って、必要以上に観察するようなことはやめたほうがいいのです。

いったんイヤな人だと意識してしまうと、その人のイヤなところばかり探して「やっぱりイヤな人だ」と思ってしまうのが人間だからです。

嫌いな人、ゆるせない人は、自分の意識次第で減らしていくことができるのです。

8　意味があって出会っていると考える

ときどき、「なんでこんな人と同じグループになってしまったんだろう」というような人が存在すると思います。しかしその人を、粗末にしてはいけません。

なぜなら、自分と合わない相手、苦手な相手というのも、なんらかの縁があって、自分の前に現れているからです。

地球上には約69億人以上の人が住んでいます。

日本だけでも、約1億3０００万人もの人がいるのです。

同じ時期に地球上に存在していても、ほとんどの相手とは、出会うこともなく、言葉も交わさずにすれ違っていくのです。

その中で、なんらかの関係を持つ相手というのは、奇跡的な縁で結ばれているといえます。

そう考えると、ひとつひとつの出会いが大切なものに思えてきませんか。

もしかすると、目の前にいる人とは、前世で何かのつながりがあったのかもしれません。人は普通、価値観の合わない人を前にすると、その人の悪いところばかりに目がいってしまうものです。

しかし、そこから一歩踏み込んでみてほしいのです。

「この人は、自分に何を教えるために現れたのだろうか」

と考えてみてください。人間としての幅が広がるきっかけになります。

もしかすると、**苦手な人というのは、自分の気付いていないことを知らせてくれる神様のような存在なのかもしれません。**

「あなたはこういう人が苦手ですが、それは、あなた自身にこういう部分があるからですよ。そこを直したほうがいいですよ」

と教えてくれるために、現れたのかもしれません。自分自身を見直すきっかけだと思って、ゆっくり考えてみてはどうでしょうか。

身近に苦手な人がいるときは、

「自分に何かを教えてくれる貴重な存在だ」と思うようにしましょう。

すると、**相手の行為がそれまでとは違う意味を持って見えてくる**はずです。

9　悪気がない相手に対して腹を立てない

「あの人が反省するまで、何度でも嫌味を言ってやる」

「注意してやったほうが、あの人のためだ」

というように、なんとしてでも相手を変えてやろうと考える人がいます。とくに、職場に新入社員が入ってきたりすると、そういうことも多いでしょう。しかし、**人間は自分から変わろうと望まない限り、そう簡単に性格や考え方が変わることはありません。**

誰だって、「私は正しい」と思って行動しているからです。あなたからみれば「間違ってる」「ひどい人だ」という人も、その人自身は自分を正しいと思っているものなのです。

自分のことを正しいと思っている人が変わるには、その人自身が「自分は間違っていた」と気付いて、自分で自分を変えるしかありません。

変わる気がない相手を変えようとしても、無駄です。

相手を変えようとすればするほど、ストレスがたまり、ますます腹を立てることになってしまいます。

その結果、自分自身の心にマイナスのエネルギーが増えてしまいます。

そこで、**自分と違う価値観を持っている人を見ても、「いろいろな人がいるなあ」と気にせずに、ゆるしてしまうという選択があること**も知ってほしいのです。

そう考えれば、心にマイナスのエネルギーが増えることはありません。

ゆるすとゆるさない——このふたつの考え方のどちらがよいかといえば、間違いなく、相手をゆるすほうがよいと思います。それが自分に不愉快な思いをさせた相手であっても、同じです。

少なくとも、相手に悪気がないのなら、ゆるすという選択肢を選ぶほうが、相手だけでなく、自分自身の心もラクになるのです（相手に悪気がある場合は、自分の気持ちを伝えたり、話し合ったほうがいい場合もあります）。自分がラクになると、自分の周りの人が穏やかな気持ちになり、環境も良くなるし、自分の好感度も上がります。

「怒る」と「ゆるす」は、正反対の言葉です。

せめて、相手に悪気がないケースだけでも、ゆるすことができるようになると、怒りで心にマイナスのエネルギーが増えることを抑えられます。

10　自分の気持ちを客観的に表現してみる

「私は気持ちの切り替えが苦手です」という人には、次のような方法をおすすめします。

それは、自分の心にネガティブな感情がわきあがってきたら、その気持ちを客観的に見てみるということです。

例えば、誰かに嫉妬したときは、「あの人はずるい！」と言うのではなく、「私は今、あの人のことをずるいと思っている。あの人に嫉妬しているんだ」と言ってみます。

例えば、誰かをバカにしたくなったときは、「あの人、バカだよね」と言うのではなく、「私は今、あの人のことをバカみたいと思いたがっている」と言ってみます。

そんな単純なことで……と思うかもしれませんが、これだけで、自分の気持ちに飲み込まれることなく、冷静な気持ちを取り戻せるようになるでしょう。コツは、**どんな感情でも「私は」と、主語をつけて言葉にすること**です。

以前、ある女性から、「近頃、イライラしてどうしようもないんです」と相談を受けたことがあります。

そのときに私は、「『イライラしてはいけない』と思ったり、『ああ、イライラする！』と口に出して言ったりする代わりに、『私は今、すごくイライラしているなあ』と言ってみるといいですよ」とアドバイスをしました。

その彼女から、のちに聞いた報告では、「ああ、イライラする！」と言っていたときは、イライラした気分が膨らむ一方だったのに、「私は今、イライラしているなあ」と主語をつけて言うようになったら、「まあ、そんなにイライラしないで……」というもうひとつの感情が自然とわいてくるようになったそうです。

思わず自分の感情に飲み込まれそうになったときは、一歩引いて自分の状態を客観的に表現することにより、冷静さを取り戻せるのです。

それ以来、彼女は以前よりずっと早く、冷静な気持ちを取り戻せるようになり、人間関係のトラブルやストレスが減ったということでした。

11　相手の価値観を変えようとしない

過去の武将たちの人柄を表す有名な「ほととぎす」の句があります。

織田信長は「鳴かぬなら　殺してしまえ　ほととぎす」と言いました。

豊臣秀吉は「鳴かぬなら　鳴かせてみせよう　ほととぎす」と言いました。

徳川家康は「鳴かぬなら　鳴くまで待とう　ほととぎす」と言いました。

実際にそんなことを言ったかどうかは確かめようがありませんが、3人の考え方をよく示していると思います。


以前、日本の大勢の経営者を対象に、この3人の例を出して、「あなたはどのタイプですか?」と聞いた会合があったそうです。ほとんどの経営者が、自分をこの3つのタイプのどれかに当てはめて、「自分は何々型です」と答えました。

しかし、経営の神様と言われた松下幸之助さんは、この3つのタイプを選ばずに、

「鳴かぬなら　それもまたよし　ほととぎす」

と答えたといいます。

この松下さんのような考え方ができる人は、他人に対して「怒り」の感情を抱きにくくなります。

残念ながら、その相手がどんなに非常識な人でも、その人がもともと持っている価値観や性格を、やすやすと変えることはできません。それなのに、**自分の納得のいく形に変えようとするから、怒りの感情がわく**のです。

価値観の違う相手と会ったときは、松下さんのように、「この人は私とは違う考え方をする人だ。それもまたこの人の個性なんだから、それでいいんだ」と考えればいいのです。

「自分の思いどおりに変えようとする」気持ちを捨てると、相手との違いが気にならなくなってきます。「相手を自分の思いどおりに変えたい」という気持ちを手放しましょう。

相手は変わらない。腹を立てたって仕方ない。

それをわかって付き合うことで、自分も相手もラクになります。

変わらないと、組織の運営などに支障があるときは、具体的な行動指針を示してそのとおりに動いてもらうようにします。でも、価値観や性格が、組織運営を妨げるほど大きな問題にはならないことのほうが、実際は多いのではないでしょうか？

12 「罪を憎んで人を憎まず」と考える

江戸時代の終わりから明治・大正と活躍した渋沢栄一という実業家に、こんなエピソードがあります。（雑誌「到知」より）

ある日、彼のもとに、新しい会社を作るための相談に来た経営者がいました。

しかし、彼には無謀に思えたので、やめたほうがいいと伝えました。ところが、相手は、会社を作ることを妨害された、と誤解をしました。数日後、彼は、その経営者が雇った男性ふたり組に襲われて、ケガをしました。その後、彼らは逮捕されました。

そして数年後、彼は知人から、出所後の男たちが、貧しい生活を送っていることを聞きました。

「罪を憎んで人を憎まず」と考えていた渋沢さんは、その男たちに同情して、人を通していくらかの資金を渡しました。

男たちは、過去に彼を襲ったことを申し訳なく思い、彼のもとを訪ねました。

すると、彼は、
「あのときのことは、今さら聞いても不快になるだけです。ですから、今後も事件については一切口にしないようにしましょう」と言ったのです。彼は、自分にケガを負わせた相手を怒ることもなく、むしろ、気の毒に思い、優しく接したというのです。

敵に対して、怒りを向けることは誰でもできることです。

しかし、ずっと怒りを持ち続けていると、その感情はいつしか恨みに変わります。

テレビドラマや小説に出てくる犯罪者が、「積年の恨みをはらすために復讐した」と言っているのを、一度は聞いたことがあるでしょう。「積年の恨み」という言葉のとおり、恨みは積もるほど大きくなり、ついにそこから逃れることができなくなります。

怒りが恨みになり、そのマイナスのエネルギーに心が飲み込まれてしまうと、最終的には自分の人生を台無しにしてしまうのです。

慈悲の心を持つのは、難しいかもしれません。

しかし、**怒りを捨ててゆるしたほうが、結局、自分も相手も幸せになれる**のです。

13　してくれたことを数える

「親や兄弟を恨んでいる」という人に出会うことがあります。

「お母さんは、出来のいいお姉さんばかりをかわいがって、私のことは全然大切にしてくれなかった」

「体の弱い弟がいたせいで、両親は弟にかかりきりで、私はいつも放っておかれた」

そんなふうに、思いこんでしまっているのです。考えてみれば、ニュースをにぎわす殺人事件の多くが、血縁者間で起きています。

私たちは、身近にいる人に対しては、無意識のうちに、高いレベルで様々なことを求めてしまいがちです。

頼んだことをしてくれない、やるべきことをやってくれない、思ったようにやってくれない、ありがとうと言ってくれない、わかってくれない、評価してくれない、信じてくれない、優しくしてくれない……。

でも、**「あの人が○○してくれなかった」という考え方は、不幸になる考え方**です。

いくら家族でも、親しい相手でも、相手を自分の思いどおりに変えることはできません。

「どうして、○○してくれないんだろう」と思ってしまったときは、その相手が〝してくれなかった〟ことではなく、〝してくれた〟ことを思い出してみましょう。

「お母さんは、厳しい人だったけれど、毎日、私のためにお弁当を作ってくれた」

「お父さんはいつも怒ってばかりいたけれど、私が大学に行きたいと言ったとき、反対せずに高い学費を出してくれた」

「お姉さんは、意地悪を言うこともあったけれど、小さいとき、よく公園で一緒に遊んでくれた」

そんなふうに、記憶の中から、「何かをしてもらった」という記憶を探してみると、温かな記憶が見つかるでしょう。

このように、**相手にいろいろと求めたくなったときは、してくれなかったことではなく、してくれたことを数えてみると、恨みや怒りの気持ちが小さくなっていきます。**

第三章　他人をゆるす

1　常識のない相手はどこにでもいる

人間を怒らせる相手は人間です。

楽しみにしていた旅行の日に、雨が降ったからといって、空に向かって「ふざけるな」と怒る人はいません。

テレビが故障して、見たかったドラマの最終回を見逃したからといって、テレビに「恨んでやる」と怒鳴りつける人もいないでしょう。

私たちが、「ゆるせない」という感情を持つとき、たいていの場合、その先には憎い「誰か」が存在するのです。

そして、ゆるせない相手は、私たちの周りに驚くほどたくさん存在します。

「無理な要求ばかりしてくる取引先の営業マンが憎々しい」
「夜中に騒音を出す上の階の住人に腹が立つ」
「買い物のとき、私に失礼な態度をとったショップの店員がゆるせない」

「何度注意をしても同じミスを繰り返す後輩がムカつく」
「割り込み禁止の道路で、平気で前に入ってきた外車の運転手に腹が立つ」
「道を知らないタクシーの運転手にはいつもイライラさせられる」
「くだらない番組ばかり流しているテレビ局に抗議してやりたい」
「やるべきことをやらない日本の政治家がゆるせない」
「中学校のとき、私をいじめた同級生をゆるせない」
「レストランでうるさい子供に注意をしない母親がどうしても理解できない」
「メールしてもすぐに返信をくれないズボラな友人にストレスを感じる」
「ミスを部下のせいにする卑怯な上司がイヤ」
「会うたびにグチを聞かされる学生時代の友人が嫌い」
「小さい頃に自分を叱ってばかりいた先生を今でも恨んでいる」

こんなふうに、人間が人間に対して不愉快な気持ちを抱く原因は、探せば、いくらでも出てきます。

キリがないのです。

2 怒ってもいいことはない

前の項目で、「ゆるせない」行為をいくつか書き出してみました。

きっと、「自分も同じような目に遭ってムカついたことがある」という人も多いことでしょう。中には、「あんなのはほんの一部だ。イライラする原因は、いくらでもある」という人もいるでしょう。

日々、嫌いな人の顔を思い浮かべては腹を立てている……という人に、伝えたいことがあります。

そういう人たちは、日頃、何事にもマジメに一生懸命に生きている方なのでしょう。

それは、素晴らしいことです。

ただし、そのマジメさや一生懸命さが、もしかすると、自分自身にとってのストレスを生み出す原因になっているかもしれません。

マジメな人は、自分がしっかりしている分、他人に対しても、「こうすべきだ」という厳しい基準を持っていることが多いのです。

しかし、世の中には本当にいろいろなタイプの人がいます。中には、マジメな人の目から見ると、「この人、この性格でよく社会で働いているな」と思うような、変わった人も珍しくありません。

そこで考えてほしいのは、**その人に対する怒りや恨みの気持ちを募らせても、事態は何も解決しない**ということです。

非常識な相手のせいで、自分の大切なものを壊されたり、必要以上に心を乱されたりしないように注意が必要です。

その人と出会ってしまった不運を悔《く》やんだところで、いいことなど何も起こりません。

誰かを憎んでいるということは、その相手に振り回されているということです。

怒ってもいいことはない。

怒っても何も解決しない。

まずは、そのことを知ることが大切です。

3 生真面目な日本人は怒りやすい？

過去を悔やんだり、未来を嘆いたりしている人たちがいます。その人たちの話を聞けば、納得できるものが多いです。

しかし、同じ環境にあっても、悔やんだり嘆いたりしない人もいます。悔やみがち、嘆きがちなのは、生真面目な性格のせいかもしれません。

「私がこうしたのだから、相手もこうすべきだ」
「私はこんなにがんばっているのに、不公平だ」

というふうに、他人や境遇に対する不満や怒りで心がいっぱいになってしまうと、自然と暗い顔になってしまいます。そんな状態でいる限り、心に平穏はやってきません。

日々、嫌いな人の顔を思い浮かべては、イライラしているという人に、知ってほしいことがあります。それは、その憎い相手のせいで、自分の大切なものを壊されたり、必要以上に心を乱されたりしたら、そのほうが自分にとって不幸だということです。

世の中には本当にいろいろな人がいます。

何が正しくて、何が正しくないかという基準は、人それぞれです。

ある女性がこんなことを言っていました。

「ヨーロッパに旅行に行ったら、デパートの店員さんの愛想が悪くてびっくりしました。買い物をしても、感謝の言葉も言わないし、つっけんどんな態度なんです。でも、私が日本人だからそうしたわけではなく、地元の人にも同じように無愛想に応対しているので、こっちではこれが当たり前なんだと納得しました」

彼女は、「同じことを日本でされたら腹が立ちますが、海外だと、こんなものかと思って全然気になりませんでした」と言っていました。

よく聞くのは、会社の若い人に対して「礼儀がなっていない」「話し方がなっていない」といった上司や先輩からの不平不満です。逆に、上司や先輩に対して「頭が固い」「何もわかってない」と若い人はよく言います。

腹が立つのはよくわかります。でも、違う文化や違う時代に育った人たちが、同じように理解し合えるわけがありません。そこは「別の世界の人」くらいの気持ちになったほうがいい。**仕事に必要なことは「感覚」ではなく、「共通言語」で共有したらいい**のです。

4 「こんな人もいて当然」と割り切る

「理想とする自分の姿」がしっかりイメージとしてあり、それに従ってマジメに生きている人ほど、他人のダメなところが目につきやすくなります。

例えば、「遅刻はしない」と決めている人は、遅刻をしてくる人に対して腹が立ちやすいですし、「グチは言わない」と決めている人は、グチばかり言う人にイライラを感じやすいという具合です。

しかし、いくらそれが**世間的に見て「正しい」ことだとしても、怒ったりイライラしながら相手にその意見を押し付けるのは考えもの**です。

世の中には本当にいろいろな人がいます。

他人の気持ちがわからない失礼な人、マナーを守れない人、口が悪い人、気が利かない人、意地悪な人……。

その代わりに、優しい人や親切な人もたくさんいます。

また、優柔不断だけれど、いいところもある、というように複数の性質がミックスしているのも、人間の面白いところです。

10人いれば、10通りの個性があるのが人間なのです。

自分が正しいと思うルールを相手が守らなかったり、自分が傷つけられたりすると「ゆるせない」と思う気持ちはよくわかります。

しかし、「いろいろな人がいる」という事実にさからっても仕方がありません。

たとえ怒っても、その人の本質はそうそう変わらないのですから、その事実は事実として冷静に受け入れたほうが、自分の心の平穏のためです。

イライラした相手が一時的な関わりの人や通りすがりの人だとしたら、そんなどうでもいい人のためにイライラするのはもったいないのではないでしょうか。

時間は有限です。少しでも多くの時間を、平穏で前向きな気持ちで過ごしたほうがいいと思います。

「世の中にはいろいろな人がいるなあ」「地球には69億の人間がいるんだから、こんな人もいて当然か」と考えて、気持ちを切り替えましょう。

5 ネガティブな感情を言葉にしない

価値観の合わない人に出会うたび、ストレスがたまるものです。

そんな毎日を安らかな気持ちで過ごすための第一歩を紹介しましょう。

それは、ネガティブな感情がわいてきたとき、その感情を、言葉や態度としてすぐにアウトプットしないようにするということです。

思ったことを言葉にすると、それだけでマイナスのエネルギーが倍増します。

例えば、レストランで何かまずいものを食べたときを例に考えてみましょう。

心の中で「まずい」と思うだけの場合と、「まずいなあ」とひとり言を言ったときと、さらには、それを作った人に「この料理、まずいんだけど……」と文句を言ったときとでは、そこから生まれるマイナスのエネルギーに大きな差があります。

心の中で「まずい」と思っただけのときは、マイナスのエネルギーはそんなに大きくはなっていないので、次においしいものを食べて心の中をプラスにすれば、すぐに打ち消されてしまいます。

しかし、「まずい」と口に出したときは、どうでしょう。自分が言った「まずい」という言葉が耳からも情報として入ってくることで、今食べている料理をますますまずく感じます。当然、何も言わなかったときよりも、心に生まれるマイナスのエネルギーの量は増えます。

さらに進んで、ひとり言ではなく、「これ、まずいね」と、同席する人や店の人に言ったときは、そのマイナスのエネルギーはもっと大きくなります。

その発言をきっかけに、一緒にいる人が「私もまずいと思った。お金を損したね」「もうこんな店来るのはやめよう」と話し合うことになったりするでしょうが、こんな会話が楽しいわけがありません。マイナスの感情が広がっていく一方です。何も言わなかったときや、ひとり言として発言したときよりもずっと、気持ちを切り替えるのが難しくなります。

ネガティブな思いはアウトプットしない。それよりも、すぐに心が喜ぶことをする、という習慣を持つと、日常生活の中からゆるせない出来事が減っていくでしょう。

6　聞きたくない言葉は受け流す

誰かにイヤなことをウワサされたら、「なんでそんなこと言われなくちゃいけないんだ」とムカッとくるのが自然な感情です。

しかし、そんなときも、いちいち腹を立てるのは損です。

もともと人間はウワサ好きな生き物なのです。

本屋さんに行けば、芸能人や有名人のスキャンダルが出ている雑誌が並べられています。

飲み屋さんに行けば、ウワサ話や批判で盛り上がっています。

それほど、私たちは他人のことが気になるし、他人のことを批評したい生き物なのです。

しかし、私たちは普通、興味のない人のことについて、ウワサしたりはしません。**ウワサされたり悪口を言われたりするのは、その人が周囲の人にとって気になる存在だから**です。

ですから、もし、自分がウワサ話の標的にされたときも、気にしないに限ります。

「私って人気者だな。これも人気税だ」と思って、割り切ってしまいましょう。

気の弱い人や、プライドが高い人や完璧主義者は、こういうとき、どうにかして誤解を解こうとするものです。

しかし、ウワサ話というのは面白いもので、言われているほうがムキになって否定すればするほど、「あれは図星だから怒っているんだよ」と疑われることになります。

悪口を言われたときも同じです。よっぽどひどいことを言われない限り、失礼な相手に、いちいち反撃する必要はありません。

相手は、まともに戦っても、あなたにかなわないから、汚い手を使ってあなたの評判を落とそうとしているのです。

悪口を言う相手を黙らせたいなら、「私はあなたの悪口なんて全然気にしていませんよ」という顔をして、放っておくのが一番です。

短期的には辛《つら》いかもしれません。しかし、長い目で見れば、そのほうがあなたの心にはマイナスのエネルギーが増えず、あなたは幸せに近づけるのです。

ただし、その悪口が単なるウワサ話で終わることなく、何かしらのトラブルが起きそうなときは話が違います。根本的に改善すべきことがあれば、対処しましょう。

7 相手に事情があったのかもしれないと考える

自分では悪気がなかったのに、相手を傷つけてしまい、「そんなつもりで言ったわけではなかったのに……」と戸惑ったという経験は、誰にでもあるでしょう。

それと同じで、自分が誰かに傷つけられたと思っても、相手には悪気がなかったということも、珍しくありません。

「あの人が私を無視した」

「あの人は私をのけものにして、他の人ばかりひいきしている」

そんなふうに思い込んでいた人が、実際に相手と話をしてみたら、まったく自分の勘違いだった、というようなことだってあるのです。

例えば、ある会社員の男性はこんな経験をしました。

みんなが残業でがんばっている忙しい時期に、ひとりだけ定時に大急ぎで帰宅する同僚がいました。その様子を見て、その男性は、

「こんな忙しい時期に、定時で帰るなんてどういうつもりなんだ。みんな早く帰りたいけど、終電までがんばっているんだぞ」

と同僚に言いました。同僚は、困った様子で、怒った男性を別の場所に呼び出して、こう言いました。

「実は、一緒に暮らしている母親の認知症が進んでしまい、僕が父と交代で介護をしているんです。そんなことをみんなの前で言うのは恥ずかしいと思って、黙っていました」

それを聞いて、その男性は深く反省して、相手に謝りました。

私たちは、多かれ少なかれ、自分の思い込みですべての物事をとらえています。冷静に物事を見ることができる人でも、本当の意味で他人の気持ちを理解することはできません。相手を100パーセント理解するには、相手の過去も現在も100パーセント知らなければ不可能だからです。

相手が自分を落ち込ませるような行動をしていたとしても、実はなんらかの事情があって、そのような態度をとったのかもしれないのです。

8　心の広い人間になったつもりで接する

「学ぶ」という言葉は、「マネる」から来ているという説があります。

つまり、マネをすることで、その相手のことを学べるということです。

「ゆるせない自分」から卒業するための方法のひとつに、**「こんな生き方っていいな」と思えるような性格の人をマネする**ということがあります。

実在する人物でなくてもいいのです。

映画を観たり、小説を読んだりして、「心の広い素敵な人といえば、この人だ。こういう人になったら、むやみに怒ることもなくなり、人望も厚くなるんだろうな」と思える人が見つかったら、その人の考え方を自分の中に取り込んでいくようにしましょう。

そして、「自分だったら、絶対に相手に対して怒るなあ」という場面で、その人物はどのような考え方をして、相手にどのような対応をしているのか、よく見てほしいのです。

相手に無視された、という場面ひとつを見ても、反応はそれぞれに違います。

ある人は何も気にしないでしょうし、ある人はユーモアで笑いに変えるかもしれないし、ある人は直接問いただすかもしれません。

それを観て（読んで）その人物の気持ちをイメージできたら、今度は自分が、その人のような心の広い人間になったつもりで、人に接してみるのです。

例えば、言葉づかいがなっていない若者と話をするとき、どうしてもイラついてしまいがちですが、もし〝あの人〟だったら、どう行動するか。想像してみてください。

自分が神経質なタイプで、人の態度がいちいち気になるという人ほど、とくにこのやり方が効果的です。

他人の考え方を借りるというのは、やってみるとそう難しくはありません。

ちょっとしたことで腹が立ちそうになったときは、〝憧れの誰か〟になりきることで、

「こんなことで怒ることもないか」

と気持ちを切り替えるようにしましょう。

9　過剰に反応するのをやめる

人に何かを言われたときにどう受け止めるかは、人によって違います。例えば、

「あなたって、バカじゃないの？」

と誰かに言われたとします。そのときに、

「バカで悪かったね」

と笑って答えられる人もいれば、

「何であなたにそんなふうに言われなきゃならないの？」

とムキになって反論する人もいます。

どちらが心にマイナスのエネルギーをため込まないかといえば、言うまでもなく「バカで悪かったね」と笑って受け流せる人です。

人の感情は、実際に起きた出来事そのものよりも、その人が「何を信じて、どう考えたか」に影響を受けます。

そのため、他人から見たら「たいして気にもならない」という小さなことでも、その当人が大げさに受け止めてひどく腹を立てれば、事実の大きさに関係なく、その人の心にはたくさんのマイナスのエネルギーが増えていくというわけです。

「自分は人から言われた言葉を気にするほうだ」と思う人は、今日から意識的に、他人の言葉に「鈍感」になってみましょう。

といっても、敏感な人に「鈍感になれ」と言って、なれるものでもないでしょう。であれば、「鈍感な人」のマネをするのです。

鈍感な人は、ひどいことを言われても、笑い飛ばしたり、「え？　何か言った？」と聞き返したりして、終わってしまいます。もしかしたら、心が傷ついているかもしれませんが、傷ついたことを大ごとにしない強さを持っています。

不愉快なことを言われたり、失礼な態度をとられたりしたときは、「私は鈍感」とつぶやいてみるといいでしょう。意識的に冷静さを保つだけでも、マイナスのエネルギーが増えるのを防ぐことができます。

相手の言動を大げさに受け止める必要はありません。失礼な相手と接するときは、「鈍感」な自分になりましょう。

10 「当たり前」の基準は人によって違うことを知る

他人に対して、「自分にはこうしてくれるのが当たり前だ」という思い込みを持っていると、「ゆるせない相手」に出会う確率が高まります。

ある商社に勤める会社員の男性には、次のような思い込みがありました。

「いくら同期入社でも、年齢が同じではない場合は、年下の人が年上の人に敬語を使って、敬意を払うのが当たり前」

「約束をしたとき10分以上前に到着するのが社会人としての常識」

「後輩は先輩より先に出社して、先輩が帰ったあとも残業をするのが当たり前」

このように、彼はたくさんの「こうするのが当たり前」という思い込みを持っているため、他人がそのとおりにしてくれないと、

「当たり前のことなのに、どうしてやってくれないんだよ？」

と、腹を立てていました。

しかし、ある人にとって当たり前のことが、相手にとっても当たり前とは限りません。

「年下でも仕事関係の付き合いを離れたときは、敬語ではないほうが気がねすることなく楽しく付き合えると思う」

「10分前に来なくても、約束の時間に間に合えば、相手に失礼ということはないだろう。逆に早く着きすぎて相手に気をつかわせるのもよくない」

「後輩が先に出社する必要もないし、先輩が帰ったあとまで残業する必要もない。仕事の内容次第で柔軟に考えるべきだ」

このように考える人がいたって、何ら不思議ではないのです。

「当たり前」という言葉の呪縛から逃れましょう。

あなたの「当たり前」は、イコール世の中すべての人の「当たり前」ではないのです。

11 「自分にも問題がなかったか？」と振り返る

人間関係において、目の前に現れている相手が、自分自身の鏡となっていることがよくあります。目の前にいる相手が、腹の立つ相手であっても、です。

「そんなことはない！」と否定したくなるかもしれませんが、冷静によく見てみてください。

相手が冷たい感じがするのは、自分にも冷たいところがあるから。

相手がニコニコしているのは、自分も優しい表情をしているから。

という感じです。

よく、赤ちゃんが笑うと周りの大人がみんな笑う、といいます。そういうものなのです。

この〝鏡の法則〟に従うと、「相手だけが一方的に悪くて、自分には何の責任もない」ということは、ありえません。

人付き合いで何かトラブルが生じたとき、「自分は悪くないのに、なぜ相手はイヤなことをするのだろう」と考えてしまいがちです。

しかし、**実際には、相手は自分の〝鏡〟になっていただけで、自分の考えや言い方や態度にも、必ず非があったから、トラブルになった**と考えられます。

不満が生じたとき、相手のせいにしても、何も解決しません。

何かトラブルが生じたときはまず、「自分にも何か問題がなかったか？」と考えてみましょう。相手がイヤな態度をとるのは、自分のほうにも何か非があるからかもしれないのですから。

知らず知らずのうちに相手の気分を害するようなことをしたり、言ったりしていたなら、相手が同じような態度で臨《のぞ》んできても、それを責めることはできないはずです。

したがって、相手より少しだけ大人になることです。そうすれば、怒りや不満といった思いから焦点がずれて、マイナスのエネルギーが増えることを防げます。

そして、ちょっとした相手の言動に腹が立ってしまうという場面が減っていきます。

12 勝ち負けで判断しない

勝ち負けにこだわる人は、怒りの感情をため込みやすいといえます。

なぜなら、勝負はいつだって勝てるとは限らないからです。

それなのに、負けるたびに相手に腹を立てたり、一緒に戦った仲間にムカついたり、審判を恨んだり、自分自身を責めたりしていたら、怒りの感情を抱く場面は増える一方です。

そこで、自分は勝ち負けにこだわりがちだという人は、勝負の前に、「勝ち負け以外」の目標を立ててみてください。

「この勝負を通じて、自分を成長させよう」

「このチャレンジを通じて、誰かをハッピーにできるようがんばろう」

「この挑戦を通じて仲間ができるといいな」

というような目標を立てるようにすると、勝つことだけが目標ではなくなるので、たとえ負けても、心にマイナスのエネルギーが増えるのを防げます。

結果だけにこだわる人は、怒りの感情を持ちやすくなります。

そういう人は、結果だけを評価するのではなく、プロセスの中に、楽しさや意義を見つけるよう努めてみるといいでしょう。

システムエンジニアのある男性は、社内で自分が一番仕事ができると自負していました。

しかし、あるとき、優秀な新入社員がひとり入ってきて、職場の人たちはその新人を重宝するようになったのです。その男性は負けず嫌いだったので、自分をチヤホヤしなくなった社内の人間や、ライバルの新人にイラだちを覚えました。

「俺がいなくなったら困ることをわからせてやりたい」という理由で、会社を辞めることさえ考えて、周りの人にそれを言い触らしたりもしました。

しかし、あるとき、ライバルである新入社員から、「先輩と一緒に仕事ができて光栄です。ふたりで力を合わせれば、何か新しい素晴らしいことができそうですね」と言われ、自分の幼さを恥ずかしく思いました。相手を敵視していたのは自分だけで、新入社員のほうは、自分を敵視していなかったのです。

ライバル同士がお互いの実力を伸ばすことも当然ありますが、それはお互いを認めるプラスの勝負です。嫉妬からくる勝負は、マイナスになりやすいのです。

13 「今だけいい人になろう」と割り切る

イヤな相手、自分を不愉快にする相手と、どうしても会わなければならないが、短時間だけ我慢すればいいという場合は、「今だけいい人になろう」と割り切って接するのもひとつの方法です。

例えば、前の会社の同僚の結婚パーティーで、以前自分を裏切った同僚と顔を合わせなければいけない場合などです。

そんな相手の顔なんて見たくないからという理由で、パーティーを欠席する人もいるかもしれません。

もともと、パーティーに行くつもりがなかったなら、それでもいいでしょう。

しかし、本当は会いたい仲間がたくさんいて、パーティーにも参加したいと思っているのに、嫌いな人に会いたくないからという理由で欠席を決めるなら、それは「嫌いな相手に自分の自由を束縛されている状態」といえます。

そんな相手のために、自分のやりたいことを制限する必要はありません。

「でも、久しぶりに顔を合わせたら、あの人にまた昔のようにイヤなことを言われるかもしれない」

「あの人が私に普通の態度で接してきたとしても、私のほうがゆるせなくて、嫌味のひとつも言いたくなってしまうかもしれない」

「人前でケンカしてしまったら恥ずかしいし」

そんなふうに不安を感じている人は、「短時間だけの我慢」と割り切って考えてみてはどうでしょうか。

一般的に、パーティーは数時間で終わります。

その間だけ、**昔のことは忘れたふりをして、嫌いな相手にも優しい態度で接する**と決めるのです。そして、そんな人のことは気にせず、久しぶりの楽しい仲間たちとの再会に意識を集中すれば、パーティー全体の思い出はハッピーなものになるはずです。〝忘れたふり〟ができるというのは、人物的にも器の大きさにつながります。

「今だけ、相手をゆるす自分になろう」

そう考えればよいのです。

14 自分の表現力を磨きながら気持ちを伝える練習をする

どうしても、相手に合わせられないときがあります。

例えば、お酒を飲めないのにお酒をすすめられたときには、無理をして飲んだら体を壊してしまうかもしれません。

ベジタリアンの人が会食をするときには、「私はベジタリアンです」ときちんと伝えなければならないでしょう。

しかし、このような主張も、言い方を間違えると、相手との間でトラブルを生んだり、気まずくなってしまったりしがちです。

それでは、どうしてもこれだけは相手に伝えたいというとき、どうすればいいでしょうか。一番大切なのは、非常にシンプルなことですが、落ち着いた気持ちで話すということです。

例えば、自分の意にそぐわなかったとき、人はこんな言い方をしがちです。

「私がベジタリアンだって、知っているよね？　どうして、こんな肉料理ばかりの店を選んだのよ」

そんな口調で話せば、相手は自分が責められていると感じて、無意識のうちに反抗的な言葉を返してくるでしょう。

つまり、**どんな正しい主張でも、怒った調子で口を開くと、何も解決しないどころか、トラブルに発展することになり、ろくなことがない**のです。

ですから、その場の物事を左右するような主張をするときほど、深呼吸をして冷静さを取り戻してからにするほうがよいのです。

また、**丁寧に気持ちを伝えたつもりでも、相手を傷つけてしまったり、理解してもらえなかったりすることだってある**でしょう。

しかし、それはある意味、仕方のないことです。「気を付けさえすれば、何もかもがスムーズにいく」ということはありえません。それもひとつの経験であり、成長だと考えて、よりよい表現の方法を、実体験から学んでいくことです。

失敗をしても、縁のある相手なら、また仲直りすることになります。次に話すときには、必要なことをきちんと伝えられるように、自分の表現力を磨いていきましょう。

第四章 心を平和にする考え方

1　すべては自分の受け止め方次第

「どうして、こんなことを言うんだろう？」

「どんな頭で考えたら、こんな非常識な行動をとれるんだ」

そんなふうに、自分ではとうてい理解できないような言動をとる人が、世の中には意外と多くいるものです。

まったく知らない人ならまだゆるせるのですが、自分の身近な人でも、ときどき信じられないようなことをする人がいます。

「気にしないのが一番」と人に言われれば、そのとおりと感じるのですが、実際に気にしないようにするのもなかなか難しいでしょう。

「忘れるぞ」と決めても、ふと気付くとそのことを考えていたり、しまいには夢の中にまで出てきたりして、そのたびに、気分はブルーになるでしょうし、気持ちの切り替えがヘタな自分を情けなく思ったりする人も多いでしょう。

この章では、**「リフレーミング」**という考え方を使い、**自分の身に起きたイヤな出来事に対して、別の意味付けをする**ことで、心にマイナスのエネルギーを増やさない方法を紹介します。

例えば、「イヤな出来事」があったときに、それを、幸せになるための教訓や、何かに気付くためのきっかけとして受け止めるようにするのです。

そのように考え方を変えるだけで、本当に「イヤなはずの出来事」をプラスに変えることができます。

それができるようになると、日常生活の中で「ゆるせない」と思うような出来事があったときも、心が乱されることがなくなります。

同じ講演を聴いて、「感動した」と感じる人もいれば、「退屈でつまらなかった」と感じる人もいます。

すべては、その人の受け止め方次第です。

考え方次第で、「ゆるせない」相手が、感謝すべき相手に変わるかもしれません。

2 イヤなことは、良いことが起きる前触れと考える

誰かのことをゆるせないと思うとき、その人の心は怒りの感情を持つと同時に、実は、大きなダメージを受けています。

ダメージを受けたから、または心が傷ついたから、その相手のことを憎く思うのです。

そして、人は自分が傷つけられたとき、相手のことも傷つけてやりたいと願います。

しかし、そんなことをしたら、ますます自分の運気を落とすだけです。

イヤなことがあったときは、うまく頭を切り替えて、心の中のマイナスのエネルギーをプラスに転じる必要があります。

そうすれば、「ゆるせない」相手に振り回されることもなくなるのです。

気持ちを切り替えるひとつの方法が、

「イヤな出来事が起きたのは、ステキなことが起きる前触れ」

と考えるということです。

そうやって気持ちを切り替えることができると、心にプラスのエネルギーが増えるので、実際に良いことが起きます。

例えば、電車の中で足を踏んだのに謝らない人にムカついたけど、「良いことが起きる前触れだ」と気持ちを切り替えて会社に向かったら、無理そうな企画なのに自信を持って提案できて通った、という具合です。

人生は、いつも自分の都合のいいように進むものではありません。

尊敬できるような人にだけ会いたい。困った人たちは、自分に関わらないでほしい。そんな望みは、残念ながら叶えられません。

でも、**人生は、あなたを苦しめるような悪い方向だけにも進みません。**

困った人に心を乱されるようなことがあったかと思えば、あなたの心をハッピーにしてくれる嬉しい出来事も訪れるのです。

困った人に出会って心が暗くなったときは、良いことが起きる前触れだと考えることで、元気を取り戻すことができるでしょう。

3　怒りの原因にプラスの意味付けをする

人は怒るとき、自分を怒らせている原因のことを、〝自分にとって良くない出来事〟だと感じています。

そのため、そんな〝良くないこと〟をする相手に対して、腹が立つのです。

恋人が自分の誕生日に連絡をくれないときに怒りたくなるのは、

「大切な恋人の誕生日を無視するなんて、どういうつもり？　私は忘れたことがないのに、あなたはこんなことくだらないと思ってるのね」

と、相手の行動に悪意があると決めつけているからです。

レストランで思ったよりも量が少なかったときに、

「この値段で、これだけ？　お金を返してほしいよ」

と腹が立つのは、たくさんの量があるほうが自分にとっては得だと思っているからです。

そこで、怒りの原因をマイナスに決めつけないで、そこにプラスの意味合いを見つけてみるのです。すると、怒りの気持ちを静めることができます。

わかりやすくいえば、

「そのストレスの原因が、別のことで別の見方をすれば、何かの役に立っている」

と考えるのです。

誕生日に恋人から連絡が来ないなら、

「きっと仕事が忙しいのね。あの人は仕事に対する責任感が強い人だから。働き者で優しい彼のような恋人がいる私は幸せものだ」

と考える。次のデートのことを考えてワクワクできれば、怒りは消えていきます。

また、レストランで値段のわりに量が少ないと思ったときは、

「ダイエットするいい機会だ。最近、食べすぎてベルトがきつくなっていたからちょうどいい」

と考えれば、店に対する文句を言う気持ちもなくなります。

怒りの感情は、自分の受け止め方で、大きくも小さくもなるのです。

4 「ああ、ちょうど良かった」と言ってみる

憎い相手に文句を言ったり、誰かにグチを言ったりする代わりに、イヤなことがあったときに、「ああ、ちょうど良かった」と言ってみましょう。

たったひと言でも、そのひと言を口にすることで、自分にとっての「イヤな出来事」の見え方が変わってくることがあります。

例えば、張り切って取りかかった仕事が、予想に反して上司に評価されなかったとしましょう。

以前なら、「この上司はセンスがない」「こんなにがんばったのに、どうしてわかってくれないんだ」と落ち込んでいたところです。

そこを、「ああ、ちょうど良かった」と言い換えてみるのです。

そうすると、あなたの**脳は、「何が良かったんだろう」と答えを探し出そうとします。**

そして、

「ちょうど良かった。今までの仕事のやり方では上のレベルに行けないということを、上司は私に示してくれたのかもしれない。これはチャンスだ」

「ちょうど良かった。本当はもうひとつのBというアイディアのほうを提案しようと思っていたけど、無難なAのほうを提出したんだ。これはやっぱり、BのアイディアでいけというSTANDARD天からのお知らせだな」

というように、**脳は幾つもの答えを導き出してくれる**のです。

この「ちょうど良かった」は、いろいろな場面に応用することができます。

この方法がいいのは、この言葉を言うことで、誰かを責めたくなる気持ちを抑えられることです。

この言葉自体が前向きな意味を持っているので、自然と気持ちが明るくなって、気持ちが切り替わる効果もあります。

イヤなことがあったときは、「ああ、ちょうど良かった」と言ってみてください。

すると、何か新しい発見が得られるはずです。

5 「人間万事塞翁が馬」と考える

「この人だけはゆるせない」

と言いたくなるほど自分を苦しめた人をきっかけに、人生を好転させた人たちがいます。

スポーツ選手のAさんは、友人からの投資話にのせられて、数百万円という大金を失いました。結婚を控えていたAさんにとって、そのお金は将来のマイホーム資金にあてるはずの大切なお金でした。

ですから、自分にその投資話を持ちかけて結果的に損をさせた友人のことが憎くて仕方ありませんでした。

「どうなっているんだ？　オレのお金は返ってくるのか？」

と聞いても、その友人からは、

「オレも被害者なんだ。どうしようもないよ」

という返事しかありません。

「ゆるせない」と思いつつも、悩んでいても仕方がないと思ったAさんは、その事件をきっかけに、投資の勉強を始めました。

それがきっかけで、Aさんは今、大金持ちになっています。

つまり、だまされてお金を失ったことが、結果的にはAさんの人生を豊かにしたのです。Aさんは、自分をだました相手を責めることに執着せず、「この機会に投資について勉強してみるか」と頭を切り替えたことで、成功しました。

このように、**そのときは「ゆるせない」と思ったことでも、長い人生の中では自分に必要な体験だった**、というようなことがあります。

ゆるせないような出来事があったときは、中国の故事である「人間万事塞翁が馬《にんげんばんじさいおううま》」という言葉を唱えてみてください。**人生の吉凶は予測できない**、ということを言う故事です。

そして、「今あったイヤな出来事が転じて、ハッピーをつれてくるかもしれない。だから、ここで腹を立てるのはやめておこう」と考えましょう。

その習慣が持てると、「ゆるせない」ことが減っていきます。そして、逆に、別の新しいことに向かう力にだってなるのです。

6　今の苦しみはデトックスだと考える

「ゆるせない」と思うようなイヤな出来事があったとき、それを誰かのせいにしないで、「これは、デトックスだ」と考えると、気持ちを切り替えやすくなります。

デトックスとは、本来、人間が体の中に取り込んでしまった有害物質を体の外に出すという意味です。

日本語でいうと、**「厄落《やく》とし」**という言葉に意味が近いかもしれません。

ある女性は、空き巣に入られて、腕時計やバッグなどを盗まれてしまいました。

その中には、恋人からプレゼントしてもらったものや、亡くなったお母さんの形見の品も含まれていたので、とても残念がりました。

そして、「盗んだ人をゆるせない！」と長い間怒っていました。

そんな彼女を見て、親友がこんな言葉をかけました。

「泥棒に入られたと聞いたときは驚いたけど、あなたが無事で本当に良かった。大切なも

のがなくなったのは残念だけど、これは、あなたがこの先も元気で暮らすための厄落とし
と考えたらどう？　その泥棒は、この先のあなたの不幸も一緒に持っていってくれたから、
これからはいいことばかりあるわよ」

その言葉を聞いて、怒っていた彼女は、気持ちがスッとラクになりました。

本当は、彼女だって、ずっと泥棒に対する怒りの気持ちを抱え続けていくことなど望んでいなかったのです。怒りの気持ちを持ち続けることは、かなりエネルギーを要し、疲弊するからです。

それまでは、大切なものを盗まれたことへの悲しみやイラだちを、どう扱っていいのかわからなくて、泥棒にぶつけていました。

それが、友だちの言葉のおかげで、気持ちの落とし所が見つかって、ようやく心がホッとしたのです。

デトックスをして体の中がキレイになると、体調が良くなります。**そもそも「怒り」や「イラだち」は、心の老廃物なのです。**もちろん、**美容にも健康にも良くありません。**

嫌なことがあったあとは、自分の中の悪い運が消えて、次はツキが入ってくると考えましょう。そうすれば、相手を恨む気持ちは少なくなります。

7　すべてを恵みと考える

「ゆるせない」という気持ちにならないための方法のひとつに、「自分の身に起こるすべてのことを、恵みと考える」ということがあります。

そもそも、「あの人をゆるせない」というのは、**自分がその人のせいで損をしたと考えるから、ゆるせなくなる**のです。

「私は悪くないのに、怒られた。どうしてこんな目に遭わなければいけないんだ」

「どうして僕の上司は、僕の仕事を評価してくれないんだ」

これらは、相手のせいで自分が悪い立場に置かれたと決めつけて、相手のことを恨み、結局は自分がイヤな気持ちになっている典型的な例です。

そのような気持ちにならないためには、自分の身に起きたすべてのことを、恵みだと考えるのが効果的です。

良いこととか、悪いこととか、損なこととか、得なこととか、そんな区別をしないで、**全部ひっくるめて、「ありがたいことだ」と受け止め、「この出来事は、自分にどんなメッセージを伝えようとしているのか」と考えるのです。**

例えば、それまでは、厳しい上司に対して腹を立てていた人も、この考え方を使うと、上司の行動は自分に対する恵みということになります。

恵みですから、必ずなんらかの良い意味があるはずです。そう思えば、イヤなことに対する受け止め方も変わってくるでしょう。

「この厳しい上司とうまくやっていくことができたら、どんな人とでも上手にコミュニケーションをとれる自分になれるだろう」

「厳しい上司だが、確かに言うことはもっともだ。彼を納得させられたら、自分の力がついたということになる。目標がひとつできた」

「自分が上司になったときのために、嫌われる上司がなぜ嫌われるのかを研究してみよう。反面教師と考えれば、あの人もありがたい存在だ」

そんなふうに考えれば、心からストレスが減ると同時に、自分自身の成長にもつながります。

8　すべては神様からのメッセージと考える

イヤなことが起きたとき、私たちは、

「どうしてこんな目に遭わなければならないんだ」

と、思います。不愉快な出来事が自分の身に起こったことを、マイナスの意味として受け止めるからです。

でも、本当にそうでしょうか？

実は、イヤなことだって、少しとらえ方を変えれば、自分にとってプラスの意味を持つ出来事に変えることができます。

あるスポーツ選手が、こんなことを言っていました。

「自分の身に起きるすべてのことを、大会で優勝するためのメッセージとして受け止めています」

例えば、彼は、目覚まし時計が壊れていて友人との約束の時間に遅れたときに、

「大会の当日じゃなくて良かった。この出来事は僕に、大会当日に遅刻しないように、前の晩に目覚まし時計の動作を何度もチェックしなさいということを伝えてくれたんだな」

と思ったそうです。

また、タクシーの運転手が道を間違えたときは、

「自分の指示が悪かったのかもしれない。大会期間中にタクシーを使うことがあれば、口で言うだけではなく、紙に目的地を書いておいて、渡そう」

と教訓にするといいます。

また、家族の機嫌が悪く、文句を言ってきて、自分までイライラしそうになったときは、

「これくらいのことで平常心を保てないでどうする。大会の会場ではひどいヤジを飛ばされるかもしれないんだから、家族の文句くらい冷静に聞き流さなくては」

と考えるようにしているといいます。

このように、**すべての出来事を、あるひとつの目的のために役立つメッセージだと受け止める**ようになると、ムカッとくる場面をうまくやりすごせるうえに、**目的達成のためにもとても有効**です。また、人をゆるすことにもつながります。

9 「神様は乗り越えられる試練しか与えない」と考える

ひどい目に遭ったときは、

「私はどうしてこんなに運が悪いんだろう」と自分の人生を恨みたくなるものです。

「どうして私ばかり、こんな目に遭わなければいけないの……」という気持ちもわいてきます。

そんな時期が長く続くと、人はすっかり自信をなくしてしまいます。

「もうダメだ」「どうにでもなれ」

と投げやりな気持ちになってしまうこともあります。

「そもそも、あの人のせいだ。あの人のせいで私まで不幸になった」と自分以外の誰かを責めて、気持ちを紛らわそうとすることもあります。

しかし、そんなことをしても、何も解決はしません。心にマイナスのエネルギーが増えて、ますます辛くなるだけです。

そんな人に、知ってほしいことがあります。

それは、**神様は、その人が乗り越えられる試練しか与えないということです。意味があって、その試練が自分のもとに降りかかってきている**、ということです。

ある女性は、不妊治療の末に授かった子供を、流産で失ってしまいました。悲しくて、失った子供に申し訳なくて、自分自身をひどく責めました。仕事を続けていたから流産したのかもしれないと考えると、妊娠中の自分にハードな仕事を命じた上司を憎いと思うようになりました。こんなに辛い思いをするくらいなら、不妊治療もやめたいと考えました。

そんな彼女に力を与えたのが、「神様は乗り越えられる試練しか与えない」という友人の言葉でした。

それを聞いた彼女は、「悲しみや怒りの感情に飲み込まれてはいけない」と考え直し、不妊治療を再開しました。そして翌年、元気な赤ちゃんを産んだのです。

彼女は言いました。

「一度失っているから、ますますこの子を大切に育てようと思います。今では、あの流産も自分にとっては意味のある経験だったと思います」

10　人生の優先順位をはっきりさせる

人前でミスを指摘され、恥ずかしい思いをしたとき、プライドの高い人は激しく傷つきます。

あるメーカーに勤務する技術職の男性は、全社員が集まる朝礼のとき、課長から名指しで批判されて、激しい怒りを覚えました。

それ以来、その課長のことが大嫌いになった男性は、課長に何か命令されても素直に従わず、課長を困らせるようになりました。

人前で批判された恨みから、「仕事でがんばって、課長を喜ばせるようなことなんてしない」という気持ちになっていたのです。

そうやって課長を困らせていた男性は、あるとき、尊敬する先輩から、

「君は何のために、この会社に入ったの？　君は優秀な技術者だから、できることはたくさんあるはずだよ。課長を困らせているヒマなんてないだろう」

と言われて、ハッとしました。

その男性は、小さな頃から機械などメカニックなことが大好きで、いつか自分の知識と技術を使って世の中の役に立つものを作りたいという夢を持って、その会社に入社したのです。人気企業だったので、高い倍率をくぐり抜けての入社でした。知らせを聞いたときは、大喜びをして、「この会社で夢を叶えよう」と決めたのです。

それなのに、いつの間にかその目的を忘れて、自分のプライドを傷つけた上司への復讐に燃える人間になってしまっていたのです。

彼は、大いに反省しました。

そして、それ以来、常に人生の優先順位をはっきりさせることを意識するようになりました。**折につけて、自分が一番したかったことは何か、を考えるのです。**

不愉快な人に出会っても、理屈に合わないことをされても、「自分が長く思い描いてきた夢に比べたら、全然大切なことではない。こんなことで怒っているほど、僕はヒマじゃない」と考え、すぐに気持ちを切り替えるようになりました。

このように、「人生の優先順位」を常に意識した生活を送ると、**余計なことで怒ることがなくなります。**

11　出会う人はみんな「先生」と考える

アメリカの思想家であるエマーソンは、

「私の会う人はすべて、必ず何かの点で私よりまさっている。私は常にその点をその人たちから学ぶことにしている」という言葉を残しています。

同じように、作家の吉川英治氏は小説『新書太閤記』の中に**「我以外皆我師」**という言葉を残しています。自分以外の人は皆、自分に何かを教えてくれる師匠のような存在である、という意味です。

人は、皆、生まれたばかりのときは、言葉も何も知らない、純粋な心を持っています。

そして、両親をはじめ、先生、友だち、さらには社会や自然から、いろいろなことを吸収し、学び、成長していきます。

大人になっても、子供の頃のように、素直に他人から学ぶことができる人は、他人に対してストレスを感じることがありません。

「ええ？　でも、嫌いな人間から学ぶことなんてないよ」

と思う人もいるでしょう。

それならば、悪いところを見てそのようなことをしないようにするという反面教師でもいいのです。

最終的に、

「なるほど。どんな人間からも学ぶところがあるなあ」

という気持ちに落とし込むことができれば、その人のことで自分の心が乱されることはなくなります。

「誰にでも学ぶところがあるはずだ」

と信じて、本気で相手を観察しなおしてみると、きっと、何か見つかるはずです。学ぶべきところがひとつもない人なんていないはずです。

初対面の人と会うときに、「良い人」とか「悪い人」というふうに、分けて付き合う考え方は、もうやめましょう。

誰と会うときも、「この人は私に何を教えてくれるんだろう」と考えましょう。すると、相手の態度に腹が立って仕方がないという状況に陥ることを減らすことができます。

12 あらゆる場面に気付きがある

「ゆるせない」という気持ちを、自分自身の「気付き」にするという方法も、心をプラスにするためには効果的です。

やり方はとてもシンプルです。ムカッときたら、相手のことを憎らしく思う欲求を我慢して、次のように考えてみるのです。

「そもそも、どうして私は今、ムカッときているんだろう?」

「本当にムカッとこなければいけない理由があるんだろうか?」

すると、これまで気付かなかった、自分の心の奥にある感情を、見つけることができるはずです。そして、怒りの本当の原因がわかれば、対策を立てることもできるため、二度と同じことでイラつくことはなくなるでしょう。

「どうして私はいつも、同僚のA子さんと話をするとムカッときてしまうんだろう」

改めてそう考えてみると、様々な発見があるはずです。

「そういえば、A子さんにとくにイライラするのは、A子さんが旦那さんのことを話したときが多いような気がする」

なんてことに気付く人もいるでしょう。それがわかれば、

「私はもしかして、幸せな結婚生活を送っているA子さんに嫉妬しているのかな。私もそろそろ、本気で結婚相手を探す時期に来ているのかもしれない」

という考えが出てくるかもしれません。

「A子さんてイヤな人！ のろけを聞かされる人の気持ちにもなってみなさいよ」なんて腹を立てていても、何も解決はしないのです。

自分が少し対応を変えるだけで、腹が立つ機会を減らすことができるのなら、ラッキーだと思いませんか。

あらゆる場面に、「気付き」は存在します。

今日から、ゆるせない相手に出会ったときは、

「私の心が感じているこのイライラには、どんな気付きがあるのかな？」

と考えてみるといいでしょう。

13 怒りの気持ちを放棄する

「ゆるせない」という気持ちを手放すための究極の方法が、自分の中から怒りの気持ちをなくしてしまうことです。

といっても、それが簡単にできないから、みんな苦しむのです。これは最初のうちは簡単ではないのですが、実際にできるようになると、日常のストレスから解放され、心を平穏に保つのに、とても効果的です。

かの有名なソクラテスの奥さんは、悪妻で有名だったそうです。

ある日、ソクラテスは、いきなり奥さんに怒鳴りまくられ、おまけに頭から水をかけられました。そのときソクラテスは、どうしたと思いますか？

「どうしてそんなことをするんだ、謝れ！」と言ったでしょうか？

「お前とは、もう離婚する！」と怒鳴ったでしょうか？

そうではありません。

ソクラテスは、妻から水をかけられたとき、
「やっぱり雷の後は雨だ」
と言って、ひと言も怒らなかったそうです。（ディオゲネス・ラエルティオス『ギリシア哲学者列伝』岩波書店 参照）

ソクラテスは、妻と離婚する気持ちはありませんでした。注意をしても、妻の性格が変わらないことも、長年の経験からわかっていました。そのため、最初から怒りの感情を放棄して、彼女と付き合っていたのです。そうすることが、ふたりの関係を良好に保つために一番良い方法だと決めていたのかもしれません。

怒れば怒るほど、空《むな》しくなる人がいるなら、ソクラテスのように、最初から、怒りの感情を手放してしまうのも一案です。

このとき、**相手のことを無理にゆるす必要はないし、理解しようと努力する必要もありません。**逆に、そうしないようにしましょう。もともと理解しにくい相手を、ゆるそう、理解しようと思うと、かえってストレスになります。

ポイントは、**あれこれと考えずに、「私はこの人に対して怒ることはありません」と、決めてしまうこと**です。

14 他人をジャッジしないと決める

あの人は正しい。

あの人は正しくない。

あの人はいい人だ。

あの人はいい人ではない。

私たちはそんなふうに、無意識のうちに人をジャッジしているものです。

しかし、この考えを持っていると、「正しくない」「いい人ではない」と感じる人に出会ったときに、怒りの感情を持ちやすくなります。

人間関係でストレスを感じやすいという人や、自分の周りには自分をイライラさせる人ばかりだと感じている人たちは、この「他人をジャッジする」という意識が強いといえるでしょう。

しかし、この考え方を持っていると、人の短所を見るたびに、心にマイナスのエネルギーを増やすことになります。イライラも増えますすし、ゆるせないと感じる人も多くなります。

そんな自分がイヤだという人は、「今日から私は他人をジャッジしないようにしよう」と決めてしまいましょう。

そもそも、誰にでも、人に知られたら困るというようなことが、ひとつやふたつあるものです。ここを突かれたら痛い、というような過去を持っている人もいるでしょうし、ウソをついたことがない、という人もいないでしょう。

自分が100パーセントの善人なわけではないのに、他人がしたことをとやかく言うのは、考えてみれば筋の通らない話です。

神様でもないのに、「あなたのやり方は間違っています」と判断して、腹を立てるのはおかしいことです。

普通の人に、相手を注意したりする権利はありませんし、そうしなければいけない義務もないのです。

他人をジャッジすることをやめると決めるだけで、心が穏やかでいられる時間が増えるでしょう。

第五章
自分自身をゆるす

1　自分で自分を承認する

人には生まれつき、「人から尊敬されたい」「有能であると思われたい」という気持ちが存在します。

それを**「承認欲求」**といいます。

承認欲求は、とくに**自分のごく身近にいる人たちに対して強くなります。**

つまり、人というのは、とくに身近にいる人たちから尊敬されたい、認められたい、という強い気持ちを持っているのです。

家族や友人が自分のことを認めてくれないと悩んでいる人の心の中には、マイナスのエネルギーがいっぱいで、悩んでいる限り、そのマイナスの力がどんどん大きくなってしまいます。

例えば、両親から厳しく育てられた人は、「承認欲求」が満たされないまま大人になってしまい、心に大きなマイナスのエネルギーを抱えている場合があります。

「あなたはダメな子ね」

「どうしてこんなこともできないの」

というような言葉は、大人にとっては何気なく発した言葉であっても、子供の心には大きな傷を残すのです。中には、そんな親を恨んでいる人もいるかもしれません。

しかし、両親は、「甘やかして、ダメな子になってしまわないように」と考えていたのかもしれません。両親も昔は今よりずっと若くて、不安だらけの大人だったのかもしれません。

確実に言えるのは、**相手を恨んでも、自分が幸せになることはない**ということです。

自分を認めてくれない身近な人を恨みたくなったら、その代わりに、自分の心が求めている「承認」を、自分自身で自分にしてあげてください。

「あなたはよくがんばっている」と自分をほめてあげるのもいいでしょう。

また、**自分から、身近な人を承認するのもおすすめ**です。

なぜなら、自分が相手を承認することで、相手も自分を承認してくれる、ということはよくあるものです。その経験を通じて、心にプラスのエネルギーを増やしていけるからです。

2　自分を卑下するのをやめる

自分に自信がない人は、人から注意をされたり、悪い立場に置かれたりすると、素直に反省したり、謝ったりすることができません。


表面上は謝るふりをしているけど、心の中では、

「どうせ私はダメな人間ですよ。でも、あんたのようなヤツに言われたくないんだよ」

というふうに、過剰に反応していることもあります。

その怒りの底には、

「私はルックスもよくないし、頭もいいわけではないから、周囲からバカにされているのではないか」

「私は何の特技もない中途半端な人間だから、みんなに嫌われているのではないか」

といったマイナスの先入観が存在している場合がほとんどです。

そんな人が、「ゆるせない」という感情を持ちにくくするためには、自分自身に対する

評価を高めていくことが大切です。

今日から、**「私なんて○○だから」と自分のことを悪く言うのをやめる**ことです。

それから、たまに言うのはよいのですが、**やたらと繰り返し、「ごめんなさい」「すみません」と言うのもやめましょう。**

自分を卑下したくなったら、「そんなことない。私にだって、いいところはたくさんあるさ」と自分を励ましましょう。

それを続けると、「他人が私のことをバカにするなんてありえない」という考えにいきつき、他人の言動に振り回されることが減ってきます。

ほとんどの人は、自分の考えを述べるとき、誰かを攻撃しようと考えてはいないはずです。

それと同じで、違う意見を述べている人たちも、相手を攻撃しようとしているのではありません。ですから、いちいち、腹を立てる必要はないのです。

誰が何と言おうと、自分だけは自分の味方でいてあげましょう。自分を卑下する必要は、ないのです。

3 我慢しすぎると自分を嫌いになる

人は、無意識に〝自分の価値観が決めたルール〟に執着してしまいます。

だからこそ、他人のルールをゴリ押しされると、「そんなルールは非常識だ」と感じて、怒りの感情が生まれるのです。

しかし、他人のルールは、自分が変えられるものではありません。とくに、自分より立場が上の人が決めているルールには、従う以外に選択肢がないように見えることもあります。

だからといって、いつも自分の感情を抑えつけて、相手のルールに合わせていると、心はストレスでいっぱいになります。

ですから、相手がどんな立場の人でも、ときにはハッキリと自分の意見を伝えることも必要です。

精神の病のひとつに「過剰適応」という症状があります。

「本当はやりたくないのに、頼まれるとイヤと言えない」

「人から嫌われることを極端に恐れている」

そんなタイプの人はとてもマジメで、仕事熱心です。自分より他人のことを優先する姿は、周囲からはいわゆる優等生タイプに見えます。

しかし、彼らが自分自身の生き方に満足しているかというと、それは疑問です。

実は、**「過剰適応」の症状がある人たちは、本当に自分が感じている気持ちや「こうなりたい」と望んでいることを抑えつけて、周りの人が期待している役割を一生懸命に演じようとしている**のです。

彼らは無意識にストレスを押し殺しています。

そのため、心の中にはマイナスの感情が膨らみ、ちょっとしたことで怒りやすい状態になります。

誰かと一緒にいるとき、相手を立てることはもちろん、いいことです。人を見下す人より、自分を抑えることのできる人のほうが、人から好かれます。

しかし、我慢のしすぎは怒りが爆発するので、よくないのです。

4　プラスの言葉で自分に語りかける

自分に自信が持てない人は、「自己肯定感」が低い傾向にあります。

自己肯定感とは、

「このままの自分で大丈夫」

「自分自身が好き」

と心から言える本能的な感情のようなものです。

学歴や外見等は関係ありません。どんなに頭が良くて学歴が高くても、優れた能力があっても、自己肯定感が低く、自分に自信が持てない人もいます。

自己肯定感が高いと、とくに意識しなくても、自分に自信を持つことができます。

「私はこのままで価値がある」

「普通に生きてさえいれば、他人に愛されて、充実した人生を送ることができる」

と自然に思うことができるので、心はプラスのエネルギーで満たされています。そのため、精神的に穏やかで、すぐにイライラしたり、怒ったりすることもしません。

とはいえ、自分に自信を持っている人も、いつもすべてのチャレンジに成功するわけではありません。

しかし、彼らはうまくいかないことがあったとしても、すぐに立ち直ります。彼らは、**プラスの言葉を使って、イライラや怒りを乗り越えるのが上手**なのです。

失敗したときも、「よくやった」「今度は大丈夫」「うまくいかない原因がわかった」などと自分を肯定して、プラスの感情を生み出します。

反対に、自分に自信がない人は、「やっぱり、自分には無理だった」とマイナスの言葉で、マイナスの心の状態を作ってしまいます。

これからは、注意深く自分の言葉を観察しましょう。

そして、もしも**自分に否定的な言葉を語りかけてしまったら、肯定的な言葉で言い直す**ようにしてください。

これを繰り返せば、だんだんと自分の自己肯定感は高まっていきます。

すると、自分に自信が持てるようになり、プラスのパワーが増えて、イライラや怒りの感情が入り込む余地がなくなるのです。

5　他人の評価を気にしない

心にマイナスのエネルギーをためやすい人の特徴に、「他人の目に映る自分の姿を見て、自分の価値を評価している」ということがあります。

「あの人がほめてくれたから、満足した」という具合です。

こういう人は、自分でよくできたと思っても、「あの人がほめてくれなかった」という理由で、心にマイナスのエネルギーを増やしてしまいます。

しかし、他人からの評価で自分の価値をはかろうとすると、人生の中で落ち込む時間が増えてしまいます。

なぜなら、全員に認められたり、好かれたりすることなど無理だからです。

それに、他人は気まぐれです。その人の機嫌が悪いときと機嫌がいいときでは、こちらに対する評価は変わってきます。

とはいえ、自信がない人はつい、他人からの評価を求めてしまいがちです。

そして、他人の評価に一喜一憂しては疲れてしまいます。

さらには、そんな自分が嫌いで、また自信を失うといった悪循環に陥ってしまうのです。

落ち込んでばかりいる自分を卒業したいなら、もう他人の目に映る自分の姿で自分の価値をはかることをやめましょう。

「人の意見は関係ない。私は一生懸命やっているし、間違ったこともしていない」

普段から意識的にこのように考えるクセをつけることで、他人の言動に振り回されてクヨクヨする時間が減っていきます。

自分の価値を決めるのは、他人ではなく自分自身です。苦手なあの人の評価で自分の価値が決まるわけではありません。

他人の評価に依存している限り、いつまでも本当の自分は満足できず、自分に自信も持てません。

6　犠牲者になるのをやめる

被害者意識を持つと、心にはどんどんマイナスのエネルギーが増えてしまいます。

そのため、ちょっとしたことで怒りやすくなり、穏やかな気持ちでいられる時間が減ってしまいます。

被害者意識は、どんな人の心の中にもあるものです。

「上司の仕事が遅いから、自分の時間が奪われている」

「恋人が安心させてくれないから、いつも不安でたまらない」

「会社の給料が安いから、みじめな生活を送らなければならない」

「両親の学歴が低いから、育ちのいい人たちといるとコンプレックスを感じてしまう」

という具合です。

試しに自分の心を点検して、被害者意識が見つかったら、書き出してみてください。

・

・・・・・

何個、見つかったでしょうか？

意外とたくさんあって、「自分は被害者意識が強いタイプだったのか……」と驚いたかもしれません。

でも、ここで伝えたいのは、「被害者なんていない」ということです。

そこから抜け出せないと思っているのは単なる思い込みです。

そもそも、**誰でも、誰かの被害に遭いながらこれまで来たわけではなく、たくさんの選択肢の中から、自分で道を選び、今いる場所にたどりついた**のです。

まずは、**「自分が、今の自分になることを選んだ」という自覚を持ちましょう。**

そして、そこから抜け出したいと思うなら、誰かのせいにするのはやめて、自分から、心にプラスのエネルギーを増やす生き方を始めましょう。

7　自分で自分をほめる

日本のある大学が、こんな研究をしました。

まず、ランダムに選ばれた19人の男女に、カードゲームをしてもらいます。ゲームの勝者には、賞金が与えられます。

そのときに、勝った人たちの脳を特殊な装置で撮影したところ、脳内の線条体《せんじょうたい》という部位の活動が活発になることがわかりました。

驚いたことに、「他人からほめられたとき」にも、この部位が同じように活発になるそうです。

つまり、脳は他人からほめられることを、賞金をもらうのと同じくらい嬉しい報酬として認識しているのです。

人は誰でも、心の奥底ではほめられたいと願っています。

自分を受け入れてほしい、認めてもらいたい、注目してほしい、という気持ちを「ほめ

られる」ことで満たすことができるからです。

『人を動かす』などの人間関係本で有名なデール・カーネギーは、こんなことを言っています。

「人の心の飢えを満たせる人はめったにいない。だが、それができる人は相手から信頼される」（『カーネギー名言集』創元社より）

しかし、他人が自分のことをほめちぎってくれることなど、そうそうありませんし、実際にほめられても、謙遜しなくては傲慢《ごうまん》だと思われかねません。

ですから、「自分で自分をほめる」習慣を持つことが大切なのです。

自分なら、自分のほめられたいポイントもよくわかっていますし、誰に対しても遠慮も謙遜もいりません。思い切り自分をほめちぎってあげてください。

日頃から、自分をほめて心にプラスのエネルギーを増やしておけば、ちょっとくらいイヤなことがあっても怒りの気持ちに左右されない精神状態を作ることができます。

シンプルなことですが、やってみると、すぐに効果を実感できると思います。

8　合格点を下げる

自分に自信がある人は、理想のとおりに物事が進まないときは、冷静に「自分がそのレベルにまで達していないんだな」ということに気付きます。そのうえで、理想のレベルを少し落としたり、それまでより努力することを決意したりします。

しかし、それができない人もいます。

典型的なのは、**自分に自信がない人たち**です。理想を下げたら、自分の価値が下がると考えるため、高い理想を追い求めることから、逃れられないのです。

また、**自分自身の実力を、現実より高く見積もっている人たち**も、理想を下げることができません。こういう人たちは、自分のことを棚に上げて、うまくいかないことを環境や他人のせいにします。

理想が高いというのは、決して悪いことではありません。

しかし、あまりに理想が高すぎても、その理想と現実のギャップに苦しむことになります。

何度チャレンジしてもうまくいかないという人は、「理想のハードルを下げてみよう」と考えてみてください。

ハードルを下げれば、それまで不合格点だったものが合格点になることもあるでしょう。**失敗が続いていた心にとって、小さな成功体験は大きな喜びになり、心にプラスのエネルギーが生まれます。**

大切なのは、環境や他人のせいにせずに、現実の自分ときちんと向き合うことです。すると、環境や他人に対して腹を立てることもなくなります。

思い出してみると、いつも機嫌よくしている人たちは、どこかに適当な雰囲気を漂わせているものです。

理想のハードルが高い人は、手始めに、まずは「いい加減な自分」を認めてあげましょう。少しくらい失敗したって、「まあ、いっか」と笑って忘れましょう。

自分にOKを出せる人は、周りの人にもOKを出せる余裕が、心に生まれます。そのために、他人の言動にムカッとくることも減ってくるのです。

9　自信をつけるための行動をする

「自分に自信がないんです」と言う人に、「では、自信をつけるために、何か行動をしていますか？」と聞くと、「いいえ、とくに何もしていません」と答える人がかなりの割合でいます。

そんな人は、「自信」なんてものは、もって生まれた性格のようなもので、努力して身に付くものではないと思っているのかもしれません。

しかし、**何かをがんばることで、自信は身に付きます。**

例えば、できないことが多い人ほど、怒りやすくなります。誰かに細かいことを突っ込まれて、自分に実力がないことがバレるのが怖いからです。

そういう人は、必要以上に大きな声を出して、相手を威嚇《いかく》することがあります。周りから何か困ったことを言われないように、大きな声を出すことで、相手に何も言わせないようにしているのでしょう。

そういうタイプの人は、自分が苦手に思っていること、他人から突っ込まれたら困るということについて、勉強して知識を増やすことに努めるとよいのです。**コンプレックスがなくなれば、相手の言葉に過剰に反応することはなくなります。**

実際に、どのくらいの知識がついたかということは、あまり関係ありません。

それよりも、**「自分を成長させるために努力した」という経験が、自分に自信をつけてくれます。**

そして、コツコツと努力を重ねて、「自分でもなかなかがんばっているな」と思えるようになったら、

「大丈夫。きっと問題が起こっても、自分で対処できる」

と自分の腕を信じることができます。

すると、人から何か面倒なことを言われても、過剰に反応して怒ったり、「あの人が自分をバカにした」と腹が立ったりする場面が減っていきます。

10　自分に暗示をかける

プラシーボ効果という心理用語があります。

まったく薬の効果のないでんぷんのような偽薬（プラシーボ）をよく効く薬だと言って患者に与えると、実際に症状が改善されるという現象です。

不思議なことですが、暗示効果や条件付けによって自然治癒力が発揮されるために起こると考えられています。

似たようなことは、様々な分野に応用できます。

例えば、「あなたはとても頭がいい」と言われて育った子供は、本当に頭のいい子に成長するかもしれません。逆に、有能な人間でも、「君はダメなヤツだ」と言われ続ければ、本当にダメになってしまうでしょう。

この方法を利用して、自分を〝なりたい自分〟に近づけることができます。つまり、自分に暗示をかけるのです。

あるモデルは、ファッションショーの舞台裏で、緊張から逃れるために、

「私が一番キレイ」

「私が一番輝いている」

と鏡に向かってつぶやいてから、舞台に上がると言っていました。彼女は、自分に暗示をかけることで、自信をわきあがらせているのです。

これと同じことを、日常生活の中で取り入れてみましょう。

「今日もいい仕事ができる」

「今日も自分が一番がんばっている」

「私は過去の記憶に振り回されない。今日を大切に生きる」

「私はいつだってニコニコしていて機嫌よく過ごしている」

「私は自分の身に起きることすべてに感謝できる前向きな人間です」

「大丈夫、大丈夫、このイライラもすぐに消える」

こんなふうに、自分に向かって話しかけることで、本当にそういう自分に近づいていけるでしょう。

そして、心にはプラスのエネルギーがどんどん増えていきます。

11　自分の力を人のために役立てる

自信という字は、自分を信じると書きます。

つまり、**自信は他人に与えてもらうものではない**のです。自分自身によってしか、得ることができないのが「自信」です。

他人から見て、すごく誠実で優しい人でも、本人がそれを認めなければ、その人自身は自分のことを好きになれないし、自信も持てません。

では、そういう人が自信を持つためには、どうしたらいいのでしょうか？

そのためには、自分のできることを探して、自分の力を人のために役立ててみることが効果的です。

自分では気付いていなくても、誰だって、人より優れている能力を何か持っているものです。ですから、ちょっとしたことでも、自分が何かをしたことで相手に喜んでもらえるという経験をすると、それがその人の自信になります。

手始めに、困っている人を見かけたら、

「私に何かお手伝いできることはありませんか？」

と声をかけることから始めましょう。

そんなことはできないという人は、身近にいる人を喜ばせられることはないかと考えてみるといいでしょう。

ある男性は、自分にできることを考えたあとで、週末を利用して、田舎の祖母を訪ねました。

離れて暮らしている祖母と会うのは、数年ぶりでした。庭掃除や、納戸の整理、屋根の修復など、祖母ができない力仕事を、まとめてしてあげたそうです。

祖母は、遠くから孫がわざわざ会いにきてくれたことを、「お前みたいに優しい孫がいて嬉しい」と、とても喜んでくれました。

その男性も、祖母の笑顔を見て、「来てよかった」と思い、そんな自分を素直に認めたいと思いました。

こんな、どうってことのない小さなシンプルなことでも、そうやって少しずつ自分を好きになり、自信を重ねることで、心はプラスの状態に傾いていきます。

12　自分が幸せになることをゆるす

「自分がこんなに苦しい人生を送るのはあの人のせいだ。ゆるせない」

そんな思いを長く抱えている人たちがいます。本当に苦しい、辛い日々だと思います。

そんな人たちに伝えたいことがあります。

それは、

「もう十分に苦しんだのですから、もうこれからは、自分が幸せになることをゆるしてあげたらどうですか？」

ということです。

苦しんでいる人は、その苦しみを、他人のせいや、環境のせいにしがちです。

しかし、本当は「私は幸せになる価値のない人間だ」という思い込みが心の奥底に隠れている場合が多いのです。

ですから、誰かを恨みたくなったときや、将来への不安が頭をもたげてきたときに、

「私は幸せになってていい存在なんだ。わざわざ苦しくなることを考えることはない」と自分に言ってあげるといいでしょう。

そして、自分が幸せになることをゆるす第一歩としておすすめなのが、何かひとつでもいいので、**「本当に自分がやりたいこと」を、始めてみる**ということです。

「自分のやりたいことを、思い切りやる」

こんなシンプルなことを、できていない人がたくさんいます。

「自分が好きなことをしたって1円にもならないから無駄」

と言う人がいますが、**好きなことをして自分の心を喜ばせることは、お金を得ることよりもずっと重要なこと**です。

自分の好きなことをして、自分自身で、自分の心を喜ばせる体験を繰り返すと、次第に、「自分らしさ」というものが芽生えて、他人の評価がさほど気にならなくなります。

そして、自分をハッピーにすることをゆるした自分自身のことを好きになります。

「自分は何をしているときが幸せだろう？」

答えが見つかったら、生活の中にそれを取り入れていきましょう。

13　悲しい記憶を癒す

自分に自信が持てないという人は、過去の悲しい記憶を心の中にずっと隠し持っているケースが多いようです。

例えば、ある25歳の女性は、20歳のときに、大好きだった恋人に振られました。そのときの悲しみを思い出すと、今でも胸が張り裂けそうになるそうです。

彼女は今でも男性とデートをすると、「この人にもいつかきっと嫌われる」と疑心暗鬼になってしまい、恋愛を楽しむことができなくなってしまいました。そして、自分が苦しんでいるのに、他の人ばかり幸せでずるい、と考えるようになり、幸せそうなカップルを見ると「ゆるせない」と思いがちになりました。

この彼女の場合、まずは20歳のときの失恋の記憶を癒さないと、いつまでたっても心にはマイナスのエネルギーが増え続けてしまい、今の状況は変わりません。

では、彼女が心の中からマイナスのエネルギーを減らすためにできることはなんでしょうか？

ひとつの方法を紹介しましょう。

まず、辛いシーンを思い出したら、そのシーンを頭の中にある映画のスクリーンに映し出すようなイメージで浮かび上がらせるのです。

次に、その映像をカラーから白黒に変えます。

さらに、白黒になったその映像が、だんだんと遠くに小さくなっていくイメージを持ちます。

そして最後に、宇宙の彼方に消えていくシーンを想像するのです。

これを繰り返すと、辛い記憶はどんどん心の中で過去のものとなり、その存在が小さくなっていきます。

これができたら、今度はどんどん新しい楽しい経験をして、プラスの感情を味わうことで心の傷は癒えていきます。

イヤなことを思い出してはブルーになっていても、過去の事実は変えることができません。それよりも、考え方を変え、意識的に心が喜ぶようなことをして、心にプラスのエネルギーを増やしていきましょう。

14 罪悪感を捨てる

もし、あなたが、過去の自分に罪悪感を持っているなら、それを手放しましょう。

罪悪感を持ち続けても、過去は変わりませんし、自分も相手も幸せにはなりません。

例えば、「あのとき、友人をひどく傷つけてしまった」と後悔する気持ちがあるなら、過去の自分を責める代わりに、今、目の前にいる友人に優しくしてください。それこそが、かつて傷つけた友人に対する罪滅ぼしになります。

ある20代の男性は、小学生時代に、友だちがいじめられたときに、助けてあげられなかったことを、今でも悔やんでいました。その罪悪感のせいで、心がマイナスのエネルギーで満たされたままで、楽しいことがあっても心から笑えることがなくなりました。

彼が幸せになるためには、「過去の自分に対する罪悪感」から自由になることが必要です。

もうずっと、自分を責め続けてきたのですから、「本当は友だちを助けたかった」という後悔の気持ちは、そろそろ手放してもいい頃です。

そのためには、どうしたらいいのでしょうか。

後悔の気持ちがよみがえってきたときは、過去の自分を抱きしめてあげるような気持ちで、「友だちを助けたかったのに、できなくて辛かったんだね」「自分のしたことを悔やんでいるんだね」と、共感して受け入れてあげることが大切です。

それができたら、今度は「終わったことをクヨクヨしても誰も幸せにならない」「そのとき、できなかったことを、今から始めよう」と気持ちを切り替えてください。

過去に、友だちを救えなかったのなら、今、身の回りにいる困っている人を助けましょう。

過去の失敗を悔やんでも、そこからは何も生まれません。

失敗や後悔の気持ちを、目の前にいる誰かのために生かすことが、過去の罪をつぐない、自分をゆるすことになるのです。

第六章

心をプラスにする生活習慣

1　体をいたわる

病気という言葉は、「気が病む」と書きます。

「病は気から」という言葉は、誰でも聞いたことがあるでしょう。

これは、心と体が密接につながっていることを意味しています。

心にマイナスのエネルギーが増えると、疲れやすくなったり、免疫力が低下したりします。

もっとひどくなってしまうと、うつ病など、心の病気にかかってしまいます。

逆に、**心がプラスの気で満ちていると、イライラはおろか、病気の入り込むスキもなくなるのです。**

この、心と体の密接な関係を生かして、心を元気にする方法があります。

それは、健康的な生活を心がけて、いつでも「今日は調子がいい」という状態を保つということです。

一番いいのは、適度な運動を生活に取り入れることでしょう。健康的な生活習慣が身に付くと、ちょっとくらいイヤなことがあっても、気にならないものです。

それは、**体調がいいと、自然に心にプラスのエネルギーが増える**からです。

運動が苦手という人は、自然食を取り入れたり、十分な睡眠をとるなど、できることはたくさんあります。

ある男性は、毎朝、会社に行く前に家の近所を30分ほど散歩する習慣を持つようにしました。朝早く起きて、太陽の光を浴びると、体が喜んでいるのがわかりました。

もともとは健康のために始めたことなのですが、その習慣を始めてから、嫌いな人に対して、すぐに怒ったり、文句を言ったりすることがなくなっていることに気付いたそうです。これは、心にプラスのエネルギーが増えたからです。

このように、自分に合った方法で、体をいたわり、心にプラスのエネルギーを増やす習慣を持つと、穏やかな気持ちでいられる時間が増えます。

2　楽しめる趣味を持つ

「本当に、あの人だけはゆるせない」

「ねえ聞いて、今日もこんなイヤなことがあったんだよ」

そんなふうに、怒ってばかりいる人の暮らしを観察すると、いつも誰かに対する文句ばかり言っています。

彼らには、**幸せに生きるために、決定的に足りないもの**があります。

それは、自分自身で自分の人生を楽しくしよう、そのために行動しようという意識です。

文句を言う代わりに、「今日、こんなことをして楽しかった」と言えるようなことをすればいいのに、**プラスのことを何もせず、受け身でいるから、心にマイナスのエネルギーが増える一方**なのです。

マイナスのエネルギーというのは、マイナスの出来事を引き寄せるものなので、また怒りたくなるような出来事が起こるのです。

ですから、**怒りっぽい人ほど、意識して自分の心が楽しくなるような趣味や楽しみを持つことが大切**です。

とくに、母親のしつけが厳しく、「遊んでばかりいないで、勉強しなさい」と言われて育った人は、意識していないかもしれませんが、自分に厳しいという性質を持っているようです。

そんな人たちの多くは、無意識のうちに、自分の中にゆるさないもの、我慢するものを作っています。

これまで、流されるままに忙しい人生を過ごしてきたせいで、自分が何をすれば楽しいのかわからない、という人もいるかもしれません。

そういう人は子供の頃好きだった遊びを思い出してみるといいでしょう。

注意点として、趣味を持つなら、マージャンなどのギャンブルのように、楽しい反面、負けるとそれ以上の大きなマイナスダメージがくるようなものはやめたほうがいいでしょう。

3　身の回りを整頓してスッキリと暮らす

日頃から心をプラスのエネルギーで満たしておくと、ゆるせないような理不尽な出来事があっても、怒りが爆発することを防げます。

心をプラスにする方法のひとつが、身の回りをいつも整理して、気持ちいい環境の中で暮らすということです。

一流ホテルのロビーに行くと、なんともいえない気持ちのいい空気が漂っているものです。

その理由のひとつは、余計なものがないということです。

ある男性が、十分な睡眠時間をとっているはずなのに、朝起きたときに疲れがとれないことで、悩んでいました。

その男性は年末に大掃除をして、寝室にあった荷物をドッサリと捨てました。

すると、その夜から、今までになくぐっすりと眠れるようになり、疲れもとれていることに気付いたのです。

彼はこれまで、寝室の枕元の、「捨てよう」と思いながらずっとそのままになっていたガラクタの存在が無意識のうちに気になっていて、よく眠れなかったのです。

モノを捨てるという行為は、過去の価値観や思い込み、つまり執着を捨てることにもつながっています。

最初は、モノを捨てることに罪悪感や、苦痛を感じるかもしれません。しかし、**少しずつでも不要なモノを手放していくと、スペースがすっきりするとともに、気持ちまですっきり整理されてくる**のに気が付くでしょう。

スッキリと気持ちのいい環境に暮らしていると、心の中にはプラスのエネルギーが増えていきます。

そのために、ちょっとくらいイヤなことがあっても、すぐに気持ちを切り替えることができるようになるのです。

気持ちのコントロールがなかなかうまくいかない、という人は、まず自分の部屋の掃除をしてみてはどうでしょうか？

4　怒りから気持ちをそらすための方法を身に付ける

怒りたくなったときに、一番いけないのは、感情に流されて、相手を怒鳴りつけてしまうことです。相手も驚き傷つきますが、自分自身も傷を受けます。修復できない遺恨《いこん》を残すことにもなります。

そうなることを避けるために、怒りの気持ちがわいてきたとき、意識的に冷静さを取り戻す方法を覚えておきましょう。

例えば、

「いい加減にしろ」

と言いたくなったら、その代わりに、

「10、9、8、7、6、5、4、3、2、1」

とカウントダウンをしてみます。

すると、この間に冷静さを取り戻すことができるので、何もしないときよりもずっと落ち着いて、問題に対処することができます。

また、ある女性は、クマのぬいぐるみに「怒りんぼう」という名前をつけて、自分が怒りたくなったとき、自分の代わりにぬいぐるみに怒らせるようにしたそうです。

どうやって代わりに怒らせるかというと、そのぬいぐるみを持って、

「あの上司は、本当にひどいですねー！　私なら絶対に、部下にあんな言い方をしませんよ！」

という具合に、キャラクターに自分の気持ちを代弁してもらうのです。

つまり、腹話術の要領でやるのです。周りから見れば、笑われてしまうかもしれませんが、彼女にとってはこれがいいストレスの発散になっているのです。

ひとりで怒っていると、どんどん怒りの気持ちが大きくなっていくのですが、ぬいぐるみに怒らせていると、自分自身の怒りの気持ちは小さくなり、だんだんと落ち着きを取り戻すことができるようです。

このぬいぐるみを使うようになってから、彼女は朝起きると、心にマイナスのエネルギーが残っていることはなく、気持ちを切り替えて、会社に行けるようになりました。腹が立つことが少なくなり、毎日が楽しくなってきたからです。

5　イライラするものに近づかない

いつも機嫌よく暮らしている人たちは、何も考えず、自然と幸せになっているのかといえば、決してそういうわけではありません。

彼らは、「どちらの道に進めば、自分が快適でいられるか」ということに敏感で、自分がハッピーになる選択を意識的にしているのです。イライラするものや、不愉快になりそうなところには、自分から近づきません。

人間関係でも、しがらみや世間体よりも、**「自分がその人と一緒にいて快適でいられるかどうか」を基準**に選んでいます。

一方、心に怒りや不満をためている人を見ると、「行かないほうがいいかもしれない……」と思いながらも、しがらみなどで、なんとなく自分を苦しめる人や場所に近寄ってしまう傾向があるようです。

心あたりがある人は、仕事のときは別ですが、このような自分を悲しませる予感のするものには、できるだけ近寄らないほうがいいでしょう。

「触らぬ神にたたりなし」ということわざがあります。たたりを起こす恐ろしい神様がいても、寄り付かなければ、災いを招くこともありません。つまり、危険なことにははじめから関わらないほうがいい、という意味です。

根本的な解決にはならないかもしれませんが、怒る機会を減らせば、少なくとも心の中のマイナスのエネルギーを増やすことは防げます。

ですから、

「今、あの人に会ったら、絶対にムカついてしまうだろう」

という自覚があるときに、その相手に会うことは禁物です。

優しい人ほど、苦手な相手との付き合いを断れず、ずっとイライラや怒りを感じながら我慢しています。

しかし、**幸せに暮らすためには、自分の心をマイナスにする要因から、できるだけ距離をおくよう、工夫をする**ことが大切なのです。

6　急がない生活を送る

多くの人が、

「もう少し、ゆっくり寝ていたい」

「もう少し、自分の時間が欲しい」

と思いながらも、それは叶わず、時間に追われた毎日を続けているのではないでしょうか？

仕事をがんばるのは素晴らしいことです。しかし、いつも締め切りに追われるような生活をしていると、その人の心には、自然とマイナスのエネルギーが増えていってしまいます。

急いでいるときに、人に何かを頼まれると、

「うるさい、今、手が離せないって、見てわからないの？」

と、必要以上にきつい口調で言い返してしまうことがあります。

それは、**「時間がない」というストレスが、心にマイナスのエネルギーを増やし、怒りの感情を生んでしまっている**のです。

ですから、つい怒ってしまうという自分を変えたいという人は、「急がない生活を送る」ことを心がけるといいでしょう。

例えば朝、「この電車に乗り遅れたら、遅刻する」というギリギリの電車に乗って会社に通うことは、それだけでストレスです。

遅刻してしまえば、自己嫌悪や、注意されたショックで、心にはマイナスのエネルギーが増えてしまいます。

そういう人は、**30分早く家を出て、時間にゆとりのある生活を始めるだけ**で、毎朝のストレスから解放され、心にマイナスのエネルギーが増えることを防げます。

まずは、目覚まし時計の時間を、いつもより30分早くしてみましょう。

会社に行く前に、喫茶店に寄ってコーヒーを飲めるくらいに余裕のある生活ができるようになったとき、心には平穏が訪れていると思います。

7　予定を詰め込みすぎない

いつもいつも「ゆるせない」と言って、不機嫌になっている人を観察してみると、彼らに共通点があることがわかります。

それは、すごく忙しい人と、すごくヒマな人などの、極端なタイプの人が多いということです。

これは、なぜかというと、すごく忙しい人は、いつも時間に追われていることでストレスを感じていて、心にマイナスのエネルギーがたまっているのです。

すごくヒマな人のほうは、「自分が世の中から必要とされていない」「やりたいことが見つからない」というストレスを抱えています。

ようするに彼らは、生活をするうえでのバランスが悪いのです。

ストレスになるほど忙しくしないようにしながら、楽しい予定を入れることは可能なはずなのですが、できない人にはなかなか難しいのです。

とくに難しいのは、忙しい人が予定を減らすことです。

「自分もいつも時間に追われていて、ストレスを感じている」という人は、これから**スケジュール帳に予定を書き込むときに、いつもより3割くらい余白を残すように意識するようにしましょう。**

すると、ひとつひとつの用事の能率が上がるうえに、時間的にも余裕を持って終えることができるようになります。

それまで、予定をギュウギュウに詰め込んでいた人は、いくつか予定を削らなければならなくなるでしょう。

しかし、それは決して悪いことではありません。むしろ、生活のペースを自分に無理のないスタイルに整えるいい機会です。

会っていても楽しくない友人との食事の約束、パソコンでの長時間にわたるゲーム……。

そういう無駄は、どんどん省いてしまいましょう。

「忙しいときは無理をしないで、頼まれごとを断る」

「家に帰ってクタクタになるほど、予定を入れない」

それを心がけるだけでも、生活の中で時間に追われる場面が減ると思います。

8　朝起きたら、今の自分の状況に感謝する

「ゆるせない」という気持ちをなかなか手放せない人は、自分が他人と比べて不遇な扱いを受けていると感じていることがよくあります。

彼らは勝手に、自分は損をしていて、他の人は自分よりもいい目を見ていると思っています。つまり、被害者意識が強いのです。

自分もそういうタイプだと思う人は、一度立ち止まって、自分を取り巻く環境を見つめ直してみてください。

よく考えてみると、今、こうして本を買うお金があることも、本を読む視力があることも、すべて、それができない人から見たら、本当にうらやましいことなのです。

そうやって、物事の良い面を探し始めると、自分の周りにあるたくさんの良いことが見つかるはずです。

そうです。今だって、十分に恵まれているのです。

「自分は恵まれている」という事実に気付くと、不満を感じて、心にマイナスのエネルギーが増えることを防げます。すると、他人の言動にいちいち腹を立てたり、過ぎたことでいつまでもイライラと苦しんだりすることも減ってくるでしょう。

ただ、人間のクセは簡単には直らないものです。

そんな人が、そこから抜け出すためにはどうしたら良いのでしょうか？

人間関係学の大家であるデール・カーネギーは、「毎朝自分にとってありがたいもののことを考えて、一日を始めることだ。**人の未来は自分が今日考えていることに非常に大きく左右される。だから希望と愛と成功のことばかり考えるのだ**」と言っています。（『カーネギー名言集』創元社より）

朝起きたら、**今日も健康でいられる自分、無事、仕事に向かえる自分の幸運**に感謝しましょう。

そうやって毎日、心の中にあるマイナスのエネルギーをリセットする習慣を持てるようになると、世界が楽しく変わっていくでしょう。

9　ひとりでいる時間を作る

世界最速を競うカーレースのF1では、スタートからゴールまで走り続けるのではなく、定期的にマシンをチェックし、ベストな状態に整えてからまた走りだします。

私たちの心もときどき、このマシンのように、傷んでいるところがないか点検をして、必要ならばきちんとケアしてあげることが、毎日元気で暮らすためには必要です。

そのために効果的なのは、毎日少しでいいので、ひとりで静かに過ごす時間を作るということです。

ひとりでいる時間に何をするかというと、「**静思《じょうし》**」です。

静思とは、**自分の損得や好き嫌いを一度、横において、立ち止まってよく考える**という意味です。

静思では何をするのかというと、自分の心の奥にいるもうひとりの自分に話しかけます。

「私は本当は、どんな自分になりたいのだろう」

「私にとって、幸せな状態とはどんな状態だろう」

「今の生活をもっとハッピーにするためには、何をしたらいいだろう」

そんなことを自分の心に聞いてみるのです。

静思の効果として一番大きいのは、心が落ち着くことです。

怒っているときは、呼吸が乱れるものですが、静思をすると、呼吸が落ち着き脈拍の乱れもなくなり、心が安定してきます。

さらに、静思を深めていくと、頭に何も浮かばなくなり、時間を感じなくなるのです。するど、心の中にあるマイナスのエネルギーが呼吸とともに外に追いやられて、心がスッキリします。

心の中がクリアになると、普段は思いもしなかった自分の本当にやりたいことや、なりたい自分といったものが見えてきます。

「こうなりたい」という自分の姿がはっきりすると、それが生活の軸となり、生きることに張り合いが生まれます。

さらに、**自分の目標が定まると、人は他人のことがあまり気にならなくなります。**

10 気持ちを書き出す

「あいつだけはゆるせない」

「思い出すだけでもイライラする」

そんなネガティブな気持ちを爆発させないためには、怒りが大きくなる前に、いったん心を落ち着かせることが大切です。

そのときに効果があるのが、思っていることを**「紙に書き出す」**ということです。

ポイントは、**怒りを感じたその瞬間に、深く考えずに書く**ことです。

人間は、過去の出来事を思い出しながら書くとき、つい自分の都合のいいように解釈したり、格好よく脚色しようとしたりします。

「自分は絶対に間違っていないことを、これを読む人に伝えなくては」と無意識に自分を守ろうとするからです。

そうすると、いくら書いても気持ちを静める効果はなくなります。

しかし、今、この瞬間に思いのままを紙にぶつけるとき、そこに脚色や見栄はありません。**大切なのは、素直にそのときの気持ちや状態を記録すること**です。

すると、書くことによってまず、**時間を稼ぐという効果**が得られます。

「バカ」と言いたい気持ちを、相手に言うのと、紙に書くのとでは、自分と周囲に与えるダメージの大きさはまったく違います。もちろん、相手にぶつけるよりも、紙にぶつけたほうが、ダメージは小さくすみます。

そして、やってみるとわかるのですが、紙に書いているうちに、興奮していた気持ちは少しずつ落ち着いてくるものです。

また、あとでそれを読み返すことで、自分がどんな原因で怒りやすいのか、などがわかるようになります。

このように、紙に気持ちを書き出すことには、**心を落ち着ける効果と、自分が怒る原因やパターンを知ることで感情をコントロールできるようになるという効果**が期待できるのです。

11　プラスの言葉を使う

心のエネルギーに大きな影響を与えるのが「言葉」です。

「嬉しい」「楽しい」「幸せ」「ありがとう」などの、言った本人も言われた相手もハッピーになるような言葉は、プラスの言葉です。

日常生活の中でプラスの言葉を多く使う人は、心の中にプラスのエネルギーがどんどん増えます。

反対に、「嫌い」「イヤだ」「ムカつく」など、発言する人も言われる人も不快な気分になるような言葉はマイナスの言葉で、心にマイナスのエネルギーを増やします。

「ゆるせない」と感じたとき、その人の心には、たくさんのマイナスの言葉が浮かんできます。

自分を苦しめる相手に対する悪口。

自分を助けてくれない家族や友人に対する不満。

自分に対する嫌悪感。

過去への後悔の気持ち。

未来への不安。

そんな言葉で胸がいっぱいになると、心はマイナスのエネルギーであふれて、どんどん自分のツキを落とします。

大切なのは、そうならないための予防です。

そのためには、日頃からプラスの言葉を使い、自分の心にプラスのエネルギーをためておくことが効果的です。とくに、**「ありがとうございます」という感謝の言葉は、大きなプラスのエネルギーを持っています。**

誰かを憎みそうになったときは、おまじないのように「ありがとうございます」と何回も唱えると、マイナスのエネルギーを打ち消すことも可能です。

穏やかな毎日を過ごすためには、もっと、自分の言葉を意識する必要があります。

言葉を明るく変えることで、人生も明るくなるのです。

12 マイナスの言葉はできるだけ言わない

成功哲学で有名なジョセフ・マーフィー博士は、こう言いました。

「グチや悪口は、不幸を呼ぶ呪文です。決して口にしてはいけません」

ゆるせないような出来事に遭遇したときに、グチや悪口を言って、ウサ晴らしをしようとする人がいます。

確かに、感情にまかせて好きなことをぶちまけているときは、スッキリした気分になります。しかし、悪口を言ったあとで空しくなって、「あんなことを言わなければよかった」と後悔するという人も多いのではないでしょうか。

どんなにグチや悪口を言っても、現実は何も変わらないばかりか、むしろ、悪いほうに傾いていきます。

「自分のほうから謝りにいこうと思ったら、相手のほうから謝ってくれた」という話は聞きますが、「悪口を言っていたら、相手のほうから謝ってきた」という話は聞きません。

悪口は、マイナスのエネルギーが強いので、マイナスの出来事を呼び寄せるのです。

ですから、日常生活の中では、できるだけグチや悪口などの否定的な言葉は、使わないように心がけましょう。

自分からは言わないようにしても、他人から悪口を言われたら反撃したくなる、という人もいるでしょう。しかし、どれほど悪口を言われても、冷静に受け流すことです。

ブッダも、「悪口は毒蛇と思え。受け取るな」と言っています。

悪口を聞かなかったことにすれば、自分の心がダメージを受けることはありません。

この他にも、**「でも」「だって」など、相手の発言を否定する言葉も、要注意**です。

「でも」「だって」は、「でも、きっと大丈夫だよ」という具合に、マイナスの発言をプラスにひっくり返すときだけ使うのが理想的です。

生活の中から**マイナスの発言を減らすと、周囲に与える印象も変わります**。

何よりもまず、心にマイナスのエネルギーを増やすことがないので、毎日が楽しくなってくると思います。

13　辛いときは人に話を聞いてもらう

ゆるしたいけど、ゆるせない。

どうしても、自分の感情を抑えられない。

そんな日があります。

「もうダメだ」という限界のときに、「助けてほしい」と素直に言えるでしょうか？

心がバランスを崩してしまいそうになったとき、人に助けを求めることができる人は、大きく道を踏み外すことはなくなります。

周りに迷惑がかかるから、自分の力だけでなんとかしようと遠慮していたら、事態はどんどん悪くなってしまうかもしれません。

それどころか、周りにも被害が出始めるかもしれません。

人は苦しいとき、誰かに話を聞いてもらうだけで、心がだいぶラクになるものです。

とくに効果的なのが、自分と同じような体験を乗り越えた経験のある人と会話をすることです。

彼らはきっと、共感してくれて、そこから抜け出すためのヒントを教えてくれるはずです。

そういう人が身近にいない場合は、悩み電話相談のサービスなどを利用するのもいいでしょう。

最初は抵抗があるかもしれませんが、利用してみたらとても気持ちがラクになったという人の話はよく聞きます。

もちろん、いつもいつも、誰かにグチをこぼすのは考えものです。普段は、自分自身で気持ちを切り替えられるようにしたほうがいいのです。

しかし、どうしても心のモヤモヤを自分自身で解決できないときは、人の力を借りたっていいのです。

そのときは、話を聞いてくれた相手に、「話を聞いてくれてありがとう」とお礼を伝えることや、もし友人だったら、その相手から相談を持ちかけられたときには聞いてあげるなど、自分を助けてくれる相手への感謝の気持ちを忘れないようにしましょう。

14　気持ちを切り替えるための手段を持つ

どうしてもイライラが収まらないときのために、気持ちを切り替えるための隠し技を用意しておくのがいいでしょう。

例えば、次のような方法は、イラだった気持ちを静めるために有効といわれています。

・心が癒される音楽を聴く
・屋外に出て大きく深呼吸する
・両腕を頭上に伸ばす
・携帯電話の待ち受け画面に楽しかった思い出の写真を入れておいて、イライラすることがあったときに見る
・冷たいものを触りながら、体の中の怒りの熱が少しずつ下がっていくイメージをする
・鏡に向かって自分自身に「あんなことで決して、怒るな」と、ゆっくりと言う

・頭の中に気球を思い浮かべて、イライラのもとをその気球に乗せてから、空の上で爆発させる

こうして読んだだけでは、「本当に効果があるの？」と思ってしまうかもしれませんが、試しにやってみると、思いがけず気持ちがすっきりするものです。

ある男性は、「ゆるせない」という気持ちに悩まされたとき、高層ビルの屋上に上がるそうです。

上から地上を見下ろすと、たくさんの家があります。彼はそのたくさんの家を見ると、「日本にはたくさんの人が住んでいて、みんながんばって生きている。僕もがんばろう」と思えるといいます。

次のページからは、ここであげたもの以外で、代表的な気分転換の方法を紹介します。自分自身に合った対処法を見つけて、心の中のマイナスのエネルギーを大きくしない習慣を持ちましょう。

呼吸法で神経を落ち着ける

カーッと怒りがわいてきたら、鼻からゆっくりと息を吸います。このとき、**新鮮で、自分にとって素晴らしいエネルギーを与えてくれる空気**をイメージしながら吸うようにします。

その次にお腹《なか》を引っ込めながら、息をできるだけ長く口から吐ききります。その際、頭の中のイヤなことをすべて息と一緒にきれいさっぱり吐き出すイメージをしながら、頭の中から追い出していきます。

これを10回くらい繰り返すと、自然と落ち着き、怒りが収まってきます。

石ころを握る

嫌いな相手と会う日などは、**ポケットに石ころ**を入れておきましょう。事前に、その石ころを見て、「この石ころが、私の怒りの感情を吸収してくれる」と自分に言い聞かせておくことがポイントです。

そして、ムカッときそうになったら、その石ころを力いっぱい握り締めてください。意識を石ころを握った手のひらに集中させていると、不思議と興奮する気持ちを抑えることができると思います。

石ころでなくても、消しゴムでも、ゴルフボールでも、力いっぱい握ることができるものなら代用できます。

目をつぶって数を数える

目をつぶって、周りの情報をシャットアウトすることは、怒りの感情を抑えるために有効とされています。

アメリカで過去に活躍した有名な政治家は、怒ったときには目をつぶり、１００を数えたといいます。周囲に人がいなければ、声に出して数を数えると、余計なことを頭から追い払えるので、なお理想的です。

実際にやってみると、10を数えただけでも、気持ちが静まってくるのを実感できるでしょう。

鏡の中の自分を説得する

鏡を使って、**自分を客観的にさとす方法**です。

やり方は簡単です。ムカッときたとき、一度その場を離れてトイレに向かいます。そして、鏡に向かって「あんなことで決して、怒るな」と、ゆっくりと言いましょう。言うときは、自分自身の額にエネルギーを注ぎ込む感じで、鏡の中の自分に強く命令してください。すると、怒りの感情は消えていくでしょう。

次の日まで怒りを引きずるタイプの人は、寝る直前にも同じことをすると効果的です。

おまじないの言葉をつぶやく

どうしても気持ちが収まらないとき、自分が落ち着けるような言葉を用意しておくといいでしょう。

ある女性は、空を見ながら「天国のおばあちゃんが、私を見守っていてくれるから、大丈夫、うまくいく」と言うと、気持ちを切り替えられるそうです。

いろいろな言葉を試してみて、自分の心にプラスのエネルギーがわいてくるような言葉を見つけておきましょう。

シャワーを浴びながら大声を出す

ゆるせないといったネガティブな気持ちは、無理やりに抑えつけても、自然となくなっていくようなことはありません。

イラだった思いを吐き出すために有効なのが、頭からシャワーを浴びながら、大声を出すことです。そのときに、シャワーのお湯と一緒にイヤな思いも排水口の中に流れ落ちていくと考えると、さらに効果があります。

大声を出すのが難しい人は、湯船につかりながら、体中から怒りの感情が流れ出していく様子をイメージするといいでしょう。

肯定的なひとり言を自分に言い聞かせる

ゆるせない出来事があると、つい我を忘れて取り乱してしまうものです。

それを防ぐためには、肯定的な言葉をつぶやいて、自分に言い聞かせることが効果的です。

「私はいつでも冷静だ」「私は落ち着いている」「すべてが順調に進んでいる」

頭に血が上ったときはすぐに、このような言葉をゆっくりとつぶやきましょう。すると、体がその言葉に反応して、少しずつ気持ちが落ち着いてくるはずです。

声を出せないときは、頭にこのフレーズを思い浮かべて、落ち着いている自分の姿をイメージするだけでも効果があります。

見る景色を変える

ゆるせないという気持ちを切り替えるために、簡単にできて効果抜群なのが、目の前の景色を変えるという方法です。

できれば、いったんその場を離れるのが理想的ですが、それが難しいときは視線の先を変えるだけでも効果があります。

美しい自然が描かれたカレンダーや、机の上に置いてある**家族の写真**など、自分にエネルギーを与えてくれるものを見つめるのもよいでしょう。

筋肉を伸ばす

ストレッチをすると、いい気分転換になります。腕を組んで上に伸ばすだけでも、だいぶスッキリとするものです。

時間があるときのおすすめは、ヨガのリラックスポーズです。

リラックスポーズとは、仰向けに寝て、両脚を30度開き、両腕を体側30度の位置に置き、手のひらを上にして、目を閉じるというものです。

人間がムカついたときは、体の筋肉が緊張しています。逆に言うと、**筋肉をリラックスさせることを習慣にすると、日頃から怒りにくい体質に変わってきます。**

脱力系のキーワードをつぶやく

人間は怒ると肩や手に力が入り、目が釣りあがってきて体が硬くなります。つまり、怒っているとき、体は力んでいるのです。ですから、怒っている気持ちを静めるためには、体を脱力してやるのもひとつの方法です。

そのために効果的なのは、体の力が抜けるような言葉をつぶやくということです。体中の力を抜きながら、「プゥ〜」「ヘニョヘニョ〜」「ムニョ〜ン」「プッス〜ン」などの脱力系擬音を口にしてみてください。

ウソのようですが、本当に体の力が抜けて、怒りの気持ちもほぐれてくるはずです。慣れてくると、平静心に戻るどころか、少し楽しいくらいの気分にまで気持ちが上向くことでしょう。

自然に触れる

公園などに行って、地面の上に寝転がると、イライラした気持ちがスーッと地面に吸い取られるような気分になります。

大きな木があれば、その木に抱きついて顔や体を密着させるのも効果的です。海に入る、川で遊ぶなど、水に触れるのも、心を落ち着かせてくれます。

トラブルが予想される日は、会社に行く前に公園に寄って大樹に触れるなど、予防的な使い方をすることもできます。

紙に書いて燃やす

どうしてもネガティブな感情が心から消えないというときは、その言葉を文字として書き出してから、燃やして物理的に消してしまうという方法もあります。

やり方としては、心の中にたまっているネガティブな思いをすべて、紙に書き出します。それができたら、今度はその紙を燃やします。

そして、その紙が燃えていく様子を見ながら、自分の心の中のネガティブな感情も消えて行くことをイメージするのです。すると、気持ちがスッキリするでしょう。

第七章　それでもゆるせないとき

1　どうしても消えない感情もある

ムカッときたときの気持ちの静め方が少しずつ身に付いてくると、最初から自分自身の中に怒りの感情などなかったように感じるものです。

でも、全員がすぐにそうなれるわけではありません。場合によっては、ムカムカとくる気持ちを、どうしても抑えられないこともあるでしょう。ときには、自分でもとまどうような複雑な感情になることもあるかもしれません。

そんなふうに、心の中に消すことのできない大きなイラだちを抱えてしまったとき、私たちは、自分自身で自分の怒りを認めてあげる必要があります。

見るからにムカッときているのに、「私は別に怒ってなんていないよ」と無理して言い張る人がいます。でも、それでは、いつまでたってもムカッとした気持ちを抱えていなければいけないし、ストレスの原因にもなってしまいます。

本気でどうしようもなく腹が立ったときは、自分自身で、自分が今、怒っていることを受け止めましょう。そうしないと、怒りという感情はどんどん膨らんできて強くなってしまいます。

自分が怒っているということを認めること、感じることも、怒りという感情と付き合ううえで重要なことなのです。

例えば、ものすごく辛いときに、「悲しくなんかない」「辛くなんかない」と自分に言い聞かせて、辛い気持ちを封印してしまうと、あとになってストレスが爆発したり、病気になったりするものです。

辛い気持ちは消えたわけではなく、心の奥にマイナスのエネルギーとして残っているのです。

ムカッとくる気持ちも、それと同じです。

「もう大丈夫」

「私の中では解決した話だ」

と思い込もうとしても、そうできないことがあります。

少し気を抜くと、すぐにそのことを考えていたり、夢に出てきてしまったりするようなら、怒りの感情は消えていないのです。

2　苦しんでいる自分を受け入れる

怒りの表現は、たくさんあります。

直接相手を攻撃する怒りの表現もあれば、部屋に引きこもって誰とも話さないというのも怒りの表現の一種です。不平不満を言う、苦しむという怒りの表現もあります。

まずは、そういう自分自身の感情の状態を認めてあげるということが大切なのです。

心当たりのある人は、思い切って、自分自身の中にある怒りの感情を直視しましょう。

そして、「私は今、怒っている。本当は怒りたくないが、今回だけはどうしても我慢できない。だから、今日一日は、怒ることをゆるそう」

というふうに、**期限付きで怒りの感情を解放してあげる**とよいでしょう。

誰にも迷惑をかけないという条件付きなら、こんなふうに、思いっきり怒ってみるのも、ムカムカを持続させないための良い方法といえるのです。

また、時間があるときに、自分のこれまでの怒りのパターンや、怒ったあとの結果について、まとめてみるのもおすすめです。

自分はどういうときにムカッとくるのか。

どんな怒り方をしているのか。

直接相手を攻撃する怒りだろうか、受け身的な怒りだろうか。

押し黙るだろうか、不平不満を言うだろうか、被害者意識を持つだろうか。

そのように、自分の怒り方をチェックしておくと、次に同じような状況を迎えたときに、「ああ、私は今、怒ってたんだ、周囲の人にイヤな思いをさせてしまったな」

というように自分が怒っていることに早めに気付けるようになります。

そのように、**自分自身の怒りの特徴を知ることができると、怒りに振り回されることがなくなるし、対策を立てることも可能になります。**

気持ちをごまかしたり、現実から逃げたりしていても、事態はちっとも良くなりません。

まずは、自分自身の感情を見つめ、理解してあげること。それができないうちは、いつまでたっても現状を変えることができないのです。

3　怒りの感情を保留にする

どんなことをしてもゆるせない相手がいるとします。

そういう人のことは、仲間たちと騒いでいるときや、何かと忙しくしているときは忘れていても、ふとひとりになったときや、調子が悪いときなどに、ついつい思い出してしまうものです。

大嫌いな相手の憎らしい顔が突然、脳裏に浮かんできて、思わず大声を出したくなった、という経験がある人もいるでしょう。

「あんなヤツのために、こんなに気持ちが乱されるなんて、本当に腹が立つ」

「忘れたいのについ思い出してしまう。こんな状態、いつまで続くんだろう」

そんなふうに、どうしてもふっきることができない自分自身を、情けなく思う人もいるかもしれません。

こんなタイプの怒りにおすすめなのが、急いで忘れようとしないで、怒りの感情をいったん保留にするということです。

具体的な方法としておすすめなのは、**「怒りの一時預かり所」のような箱を用意しておいて、その中に怒りの気持ちを書いた紙を入れて、フタをきっちり閉める方法**です。

そして、「今はこの怒りをどうしても抑えることができない。あんなに傷ついたんだから、それは仕方ないことだ。でも、あんなヤツのために、いつもイライラしているなんてまっぴらゴメンだ。だから、この気持ちをうまく処理できるようになるまで、この箱の中に閉じ込めておこう」と考えるのです。

つまり、ムカッときた感情をうまく処理できるようになるまで、イライラした気持ちを保管しておいて、**結論を先延ばしにする**というやり方です。子供だましと思うかもしれませんが、ぜひ一度やってみてください。

このとき、「将来、私がもうちょっと成長したとき、あの経験を笑えるときがくるだろう。それまで、ちょっとの間置いておこう」というように、**いつかは解決できる日がくると、イメージしておく**ことも大切です。

4　怒りを無理に抑えなくてもいい

あまりにも怒りの気持ちが大きいときに、無理に怒りの感情をなくそうとすると、逆効果になってしまうことがあります。

どうしても抑えられない感情に対して、

「ムカッときてはいけない」

「イライラしてはいけない」

「あの件はもう過去のことだ」

というふうに、無理に抑え込もうとすると、自分自身の気持ちをごまかすことになってしまいます。

でも、**自分をごまかしてしまっても、それは一時しのぎなので、いつまでたっても、本当の意味で、ムカッときた気持ちを消し去ることはできません。**

ですから、いったん自分の中にある怒りの気持ちを認めるのです。そして、どうしてもその感情を消すことのできない自分自身にも、ＯＫを出してあげるのです。

イライラがよみがえってきたときは、

「ああ、今、またあのときのムカつきがよみがえってきているなあ」

と落ち着いた気持ちでその感情を受け止めましょう。そして、

「人間なんだもの。忘れたくても忘れられないことがあるさ」

と、思いどおりにならない自分自身のことも、温かい気持ちで認めてあげましょう。

そうすると、ムカッとくる気持ちがわいてきたとしても、心を乱されることがなく、短時間でそのことを忘れることができるはずです。

「絶対に怒るのはいけないことだ」

「あの記憶がある限り、幸せにはなれない」

と自分を縛ることは、かえって逆効果になります。

誰にでも、ひとつやふたつ、忘れられないムカッときた思い出があるものです。そんなイヤな思い出に苦しめられないために、使ってみてほしい方法です。

5　時間が解決してくれると考える

5年前に自分が怒っていたことを、覚えていますか？

「5年前は今の会社に入ったばかりで、同僚たちとなんとなくそりが合わないことで悩んでいたなあ」

「5年前は、大好きだった恋人を友だちに奪われて、その友だちに復讐することで頭がいっぱいだった」

そんなふうに、懐かしい記憶を思い出しながら、考えてみてください。

今でも、そのときの怒りの気持ちは消えていませんか？

憎い相手をまだ憎んでいるでしょうか？

きっと、「もう憎んでなんていない。その人に会わなくなったら、忘れてしまった」という人が多いのではないでしょうか。

このように、人間は、意外と忘れっぽい生き物です。

過去に、涙が出るほど悲しかったことや、震えるほど腹が立ったこと、絶対に立ち直れないような落ち込む出来事などがあったはずなのに、今になってそのときのことを思い出すと、その原因が何なのかを覚えていなかったりします。

そう考えると、

「今はこんなに傷ついて、落ち込んでいるけれど、無理に立ち直らなくてもいいか。そのうち、自然に解消するだろう」

と気持ちがラクになるのではないでしょうか？

悩みを抱えているときは、その問題が永遠に続くような気がしてしまいます。

しかし、**永遠に続く落ち込みなど、存在しない**のです。

「時間薬」という言葉があります。読んで字のごとく、時間は心の傷を癒す薬の役目を果たしてくれる、という意味です。

去年の悩みをもう忘れているように、今の悩みも来年には消えているはず……。そう思うと少し、気持ちがラクになります。

6 過去や未来のことではなく、今に集中する

昔、仏教の開祖であるブッダに弟子がこんな質問をしました。

「死んだあと、自分がどうなるかが知りたいのです。どうか教えてください」

しかし、ブッダはその質問に答えようとしませんでした。

「ブッダ、どうか教えてください。どうしても聞きたいのです」

弟子もあきらめずに、再びお願いしました。

すると、ブッダはこんなたとえ話を始めました。

「ひとりの男がいました。ある日、男が街を歩いていると、毒矢が飛んできました。毒矢は男に命中し、倒れてしまいました。周りの人が、

『大丈夫か？　今、医者を呼んでくるから待っていろ』

と、声をかけました。

しかし、男は苦しみながら、こう答えました。

『待ってくれ。私は医者より先に、矢を射た者の身元と矢と毒の材料を知りたいのだ』

こんなやりとりをしているうちに、あっという間に体中に毒が回っていき、結局、男は、すべてを知る前に死んでしまいました」

弟子は、気付きました。

「私は、この男と同じ過ちをしているのですね。失礼しました」

ブッダは、こう言いたかったのでしょう。

「死後の世界をあれこれと知ろうとして、今の世の中での修行をおろそかにしていては、結局、何も得られずに死んでしまいます。ですから、今なすべきことを考え、実践しなさい」と。

ひとつのことに気持ちが集中できないことを「気が散る」といいます。

人間は気が散ると、余計な感情が心に入り込みやすくなります。

余計な感情の中には、他人に対する怒りやイラだちといったものも含まれます。

逆に言うと、**今、すべきことに集中して取り組めば、「他人への憎しみ」が入り込む余地はありません。**

7　今のままでも自分は幸せになれることを知る

多くの人は、今よりも条件が揃えば、もっといい人生が送れると思っています。

「なぜ、私はいつも上司に恵まれないんだろう。あの意地悪な上司さえいなければ、会社に行くのがイヤではなくなるのに」

「親が大学に行くためのお金を出してくれなかったから、こんな田舎の職場で働くことになってしまった。自分には学歴がないから幸せにはなれないんだ」

という具合です。

ゆるせない相手のせいで、自分が幸せになれないという考え方を持っていると、相手への恨みや憎しみがどんどん大きくなってしまいます。

しかし、実際には、**誰かのせいで自分が幸せになれないということはありません。**

「親が私を美人に生んでくれなかったから」と恨んでいる人は、親のせいで自分が幸せになれないと思っています。

しかし、誰かのせいで幸せになれないことなど、本当にあるでしょうか？

ひとりでは何もできない子供ならいざ知らず、大人になってからも、自分の幸せが誰かに委《ゆだ》ねられることなど、あるでしょうか？

私は違うと思います。

誰だって、今のままの自分で、「幸せになれる」のです。

与えられた条件で、幸せに生きられるように、しっかりと準備を整えられて、この世に生を享《う》けたのです。

今のままで、足りないものはひとつもないのです。

「あの人さえ私の目の前から消えてくれれば幸せなのに」

「あの人が謝ってくれれば、穏やかな毎日が送れるのに」

というのは、単なる思い込みです。

相手が変わらなくても、自分が幸せに生きられる方法はあります。

自分から、まずは幸せになるために一歩を踏み出すことが大切です。

すべての条件が揃うのを待っていたら、人生は終わってしまいます。

8　幸せになる方法はいくつもあると考える

何かひとつのことに執着すると、それを失うことを非常に恐れるようになります。
そして、その執着していたものを失うと、心はバランスを失い、うつ状態になるほど落ち込んだり、逆に大きな怒りを感じたりすることになります。

例えば、「この人は私の運命の人。この人と結婚すれば幸せになれる」と考えている人が、婚約者に振られたとき、そのショックははかりしれません。

「結婚もいいけど、独身生活も楽しい」と考えている人が同じ体験をしたときよりも、心に生まれるマイナスのエネルギーは大きくなります。

何かに熱意を傾けることは、素晴らしいことです。

しかし、あまりにもはまり込みすぎて、「これしか道がない」と思い込んでしまうと、それがストレスになって、心にマイナスのエネルギーを増やすことになります。

ある女性は、女優になることを夢見ていました。

そのために学生時代からレッスンを受けてきました。

しかし、何回受けても、事務所に所属するためのオーディションに受かりませんでした。

彼女はだんだんと、自分を美人に生まなかった両親を恨むようになりました。

女優になることだけを夢見て生きてきた彼女にとって、その夢が叶わない現実を受け入れるのは、それほど辛かったのです。

誰かのせいにしないと、心のバランスが保てなかったのです。

あるとき、彼女は、「プロの女優になれなくても、幸せになる方法を探そう」と決めました。

そして、地元の小さな劇団に入って、幼稚園や老人ホームを回る仕事を始めました。

そこには、華やかなスポットライトはなかったものの、演じる楽しさと、近くにいる人の笑顔に触れる喜びがありました。

そして今、彼女はとても充実した毎日を過ごしています。

もちろん、両親に対する恨みの気持ちも消えてしまいました。

9　今日だけは怒っていい、と決める

人間の性質で面白いものがあります。

それは、「絶対にこうしなければいけない」という気持ちでいると、逆にそれが続かなかったり、できなくなったりしてしまうというものです。

その反対に、「本当はこうしたいけど、できなくても別にいい」と開き直ると、それができてしまうこともあります。

この性質を利用した心の病気を治すときの治療法のひとつに、**「逆説療法」**というものがあります。

わかりやすい例では、不眠症で悩んでいる人に向かって、

「眠くないなら、本でも読んでいればいいじゃないですか」

というような言葉をかけることで、「眠らなければいけない」というプレッシャーから解放してあげるという方法です。

また、何度も手を洗ってしまうというような強迫性障害の傾向のある人に対して、「気がすむまで手を洗っていいんですよ」

というような言葉をかけると、洗わないように注意するときよりも、症状が良くなるというようなこともあります。

ですから、「怒ってはいけない」と考えすぎると、かえって怒りたくなるような場面に遭遇したりしてしまうのです。

いくら怒らないようにしようと考えても、つい腹が立ってしまうという人は、試しに、**「怒りたいなら、怒りたいだけ怒ればいい。徹底的に痛めつけてやればいい」**と自分に向かって言ってみてください。すると、「そこまでする必要はないだろう」と自分自身の中で、怒りたい自分にストップをかけようとする感情が生まれてくるのがわかるでしょう。

自分はこういう場面で怒りやすいということがわかっている人は、その場面に遭遇してしまいそうになったら、「今日は思いっきり怒るぞー！」と言ってみるといいでしょう。逆に怒りがスーッと消えるかもしれません。

10　個人的な問題としてとらえない

自分に暴力をふるった相手。

一生心に傷が残るような暴言を吐いた相手。

平気で大ウソをついて、儲《もう》け話で損をさせた相手。

そんな人と関わりを持ってしまうと、「あの人だけはゆるせない」といった恨みの感情を心に抱くことになります。

そういうときに知ってほしいのは、暴力をふるったり、暴言を吐いたり、大ウソをついたりする相手は、「誰にでもそうする人」であって、あなただけを狙い撃ちしたわけではないということです。

そういう人たちは、心の奥深くに問題があると思います。

割れてしまったガラスのコップのように、心が壊れてしまっているのです。

彼らと関わりを持って、傷つけられたという経験は、割れたガラスに触って、ケガをしてしまったようなものです。割れたガラスで指を切ってしまったからといって、ガラスを責めたり、恨んだりすることはしないはずです。

「こんな危ないものに触らなければよかった」

「次からは割れたガラスには注意しよう」

そう考えれば、すぐに気持ちを切り替えることができるでしょう。

間違えても、次のように思ってはいけません。

「どうして私があの人にあんなことを言われなければいけないの？」

「私があの人に何をしたっていうの？」

そんなふうに考えても、答えが出ることはなく、心にマイナスのエネルギーが増えていくだけです。

相手は壊れたガラスのコップなのです。

手を切ってしまったことは残念ですが、すぐに忘れて、心が嬉しくなることを始めましょう。

11　明日で地球が終わるとしたら、まだゆるせないだろうか？

多くの人は、自分が平均寿命くらいまでは生きるだろうと考えています。

明日、交通事故に遭ってしまうかもと、ビクビクしながら生きている人は、あまりいないでしょう。

しかし、この「未来は続いている」という思い込みが、誰かを「ゆるせない」という気持ちを手放せない原因になっている場合があります。

自分がもし、明日、死ぬとしたら、「嫌いな誰か」のことを考えるでしょうか？

地球が明日で終わるとしたら、「ゆるせないあの人」の顔を思い出すでしょうか？

きっと、目の前にいる大切な人たちとの時間を有意義に過ごそうと考えるはずです。

ずっと会っていなかった田舎のおばあちゃんに電話をかけて声が聞きたい。

昔、お世話になったまま きちんとお礼を言えていなかった恩人にお礼を言いたい。

そんなふうに思う人が多いのではないでしょうか？

以前、こんな話を聞いたことがあります。

たくさんの人が亡くなった飛行機事故の現場で、たくさんの遺書が見つかりました。

揺れる飛行機の中で自分の死を覚悟した人たちが、急いで震える指で書きなぐったものです。

その遺書には、何が書かれていたでしょうか？

どの遺書にも、同じようなことが書かれていました。

「本当に今迄は幸せな人生だった」

「しっかり生きろ」

「子供よろしく」

「みんな元気に暮らしてください」

そのような家族への感謝の気持ちや、大切な人たちの幸せを願う内容ばかりでした。

誰も、他人に対する恨みや怒りなんて、書いていませんでした。

自分の命が残り少なくなったとき、怒りの気持ちなんて消えてしまうのでしょう。

怒ること、憎むことの代わりに、大切な誰かに、「ごめんなさい」や「ゆるしてね」や「ありがとう」や「気にしないで」を伝えてください。

12 神様が見ていると考える

誰かをゆるせなくて、憎くてたまらないとき。

どうしても「相手をゆるす」という気持ちになれないとき。

そんなときは、「神様が見ている」と考えましょう。

「天網《てんもう》恢々《かいかい》疎《そ》にして漏《も》らさず」という老子の言葉があります。

天の張る網は、広くて一見目が粗いように見えるけれど、悪人を網の目から漏らすことはない。そのため、悪事を行った人は必ず捕らえられて、天罰が与えられるという意味です。

つまり、**悪いことをした人は、自分が罰を加えなくても、神様がちゃんと空から見ていて、あとから罰を与えてくれる**のです。

自分が、大切な人生の時間を使って、相手に復讐する必要はないのです。

「どうしてもゆるせない」と思うとき、そこには、

「自分はこんなに苦しんでいるのに、あの人だけ幸せになるのは絶対にゆるせない」という意味が含まれていることがあります。

「私が相手を恨み続けることで、相手を苦しめてやる」という思いが込められていることもあります。

しかし、このようなネガティブな感情をずっと持ち続けるのは、大きなストレスになります。

ストレスになるだけではなく、心にマイナスのエネルギーを増やし、自分の運気まで悪くします。大切な人生の時間なので、マイナスの気持ちに時間を費やすのではなく、明るい希望に向かって時間を費やしたほうがいいに決まっています。

「自分だけ損をするなんて悔しい」

「あの人にも同じ苦しみを味わわせたい」

と思いそうになったら、「私がそうする必要はない。神様はちゃんと、空の上から人間のしたことを見ているのだから」と考えましょう。

そして、「相手を苦しめる」という役割は、神様に渡してしまえばいいのです。

13　今世ではゆるしてやろうと考える

憎しみを手放す方法のひとつに、「今世ではゆるしてやろう」と考える方法もあります。

つまり、完全にゆるすわけではないけれど、「とりあえず、今回の人生ではいいとするか」という考え方です。

「来世ではどうなるかわからない」と考えながらも、「今世ではゆるす」と考えると、それだけで心から、憎しみの感情は解放されます。

痛みが大きすぎて、どうしても心から離れないとき。ふとした拍子に過去の記憶がよみがえってきてしまうとき。「もうゆるす」と決めているのに、それができないとき。「今世ではゆるす」という言葉をおまじないのようにして使うと、心がラクになります。

ある男性は、家族同然にかわいがっていた犬を、交通事故で亡くしました。

犬をはねた犯人は、犬を病院に連れていくことなく、そのままどこかへ走り去ってしまいました。

飼い主の男性は、

「はねてしまったことは仕方ない。でも、せめて病院に連れていってくれたら、助かったかもしれないのに」と運転手を憎みました。

そして、その運転手のことを憎むとき、同時に、「でも、ひもを付けずに放し飼いをしていた自分にも責任がある」と自分のことも責めました。

そんな男性を見かねた友人のひとりが、

「辛いだろうね。でも、そろそろその悲しみを手放してもいいんじゃないか？　どうしてもその相手をゆるせないなら、今世ではゆるしてやる、と決めたらどうだい？　来世になってもまだ憎かったら、そのときに思い切り恨んでやればいい」

と、半分、冗談のような感じで彼を慰めました。

その男性は、その友人の言うように「わかった。今世ではゆるしてやることにした」と口に出してみました。すると、心がスーッと軽くなりました。

犬をはねた相手への恨みを手放すと、自分を責める気持ちも小さくなり、彼の表情に笑顔が戻りました。

あとがき

「辛《つら》（い）」に横棒の「一」を足せば「幸（せ）」になります。

今、人生がとても辛い状態だったとしても、何か「一《ひとつ》」加わるだけで、「幸せ」になれるということです。

「一」の内容は、人によって違うと思います。

ある人は、今の仕事を辞めて、興味のある職種に転職することが、人生を変える「一」になるかもしれません。

ある人は、ずっと謝りたかった相手に思い切って謝罪することが、「一」なのかもしれません。

長年のコンプレックスを克服するために、行動を始めることが、「一」になる人もいるでしょう。

そんなふうに、それぞれの事情によって内容が変わる「一」ですが、例外として、誰にとっても幸せにつながる「一」があります。

それが、「ゆるす」ということです。

ある人にとって、誰かを「ゆるす」ことは、42・195キロのマラソンを走りぬくことよりも難しいことかもしれません。

「そんなことは絶対に無理だ」と思う人もいるでしょう。

しかし、今、そうやって苦しんでいる人ほど、悩んでいる人ほど、「ゆるす」ことで得られるものは大きくなります。

それは、ぐっすりと眠れる夜だったり、心から笑える時間だったり、相手からの感謝だったり、幸せな未来への希望だったりします。

この本では、たくさんのゆるすための方法を紹介しました。

どれかひとつでもいいので、ぜひ、今日から実行してみてください。

今がどんなに辛くても「一歩」でいいですから、踏み出してみてください。

必要なのは、自分自身の「決意」と「勇気」だけです。

もしかしたら、あとたった一歩で、目の前に大きな幸せが広がるかもしれません。

著者略歴

植西聰《うえにしあきら》

東京都生まれ。著述家。

学習院高等科、同大学卒業後、資生堂に就職。

独立後、「心理学」「東洋思想」「ニューソート」などに基づいた人生論の研究に従事。

一九八六年、研究成果を体系化した『成心学』理論を確立し、著述活動を開始。

九五年、産業カウンセラー（労働大臣認定資格）を取得。

「折れない心」をつくるたった1つの習慣』『怒らない生き方』

『いいことがいっぱい起こる！　ブッダの言葉』など、数々のベストセラーがある。

幻冬舎新書 266

ゆるす力

二〇一二年七月三十日 第一刷発行
二〇一四年六月 十 日 第三刷発行

著者 植西 聰
発行人 見城 徹
編集人 志儀保博
発行所 株式会社 幻冬舎
〒一五一-〇〇五一 東京都渋谷区千駄ヶ谷四-九-七
電話 〇三-五四一一-六二一一(編集)
〇三-五四一一-六二二二(営業)
振替 〇〇一二〇-八-七六七六四三
ブックデザイン 鈴木成一デザイン室
印刷・製本所 株式会社 光邦

Printed in Japan ISBN978-4-344-98267-3 C0295
う-3-1
幻冬舎ホームページアドレス http://www.gentosha.co.jp/
*この本に関するご意見・ご感想をメールでお寄せいただく場合は、comment@gentosha.co.jp まで。